DEMOCRACIA Y PARTICIPACIÓN

DEMOCRACIA Y PARTICIPACIÓN

Richard Swift

Democracia y participación

Este libro pertenece a la colección de guías «No-nonsense guide», y ha sido adaptado por Intermón Oxfam, bajo su responsabilidad, para la versión española.

Dirección colección: Xavier Masllorens
Traducción: Isabel Ferrer
Coordinación producción: Elisa Sarsanedas

Diseño cubierta: Javier Valmaseda
Ilustración cubierta: Joana Demestre
Interiores: Manuel Company

Democracy
Primera edición el 2002 en el Reino Unido por New Internationalist
Publications, Ltd., Oxford OX4, 1BW, Reino Unido. www.newint.org
junto con Verso. 6 Meard Street. Londres W1F 0EG.

1ª edición: mayo 2003
ISBN: 84-8452-193-1
Depósito legal: 140-2003

Impresión: Grafic RM Color, S. L., Huesca

Impreso en papel exento de cloro.

Impreso en España – *Printed in Spain*

SOBRE EL AUTOR

Richard Swift es codirector de la revista *New Internationalist*. Ha trabajado muchos años como periodista radiofónico y en publicaciones alternativas y lleva mucho tiempo interesado en temas relacionados con la ecología y la democracia.

AGRADECIMIENTOS

Quisiera agradecer especialmente a Larry Gordon, David Wallace, Jeremy Seabrook y, sobre todo, a Jonathan Barker por sus inestimables comentarios sobre el texto.

ÍNDICE

PRÓLOGO

Uno de los principales temas de *Democracia y participación* es el argumento contundente de Richard Swift de que el libre mercado –contrariamente a lo que se suele pensar– es una fuerza antidemocrática. Bajo la ideología del libre mercado, el mercado «decide» cuestiones sociales fundamentales que en una democracia corresponden al pueblo. Y, de un modo que no debe extrañarnos, el libre mercado *siempre* decide que unos serán (o seguirán siendo) ricos y otros serán (o seguirán siendo) pobres. Asimismo, a medida que la imagen del mercado va impregnando la sociedad por entero, también empieza a moldear el mundo político, y los ciudadanos se convierten en «consumidores de política», en público para las payasadas de las superestrellas políticas.

La globalización, sostiene Swift, lleva todo esto un paso más adelante. Las decisiones que afectan de un modo vital las vidas de las personas ya no están en manos del Estado (donde la gente tenía alguna posibilidad de influir en ellas) y han pasado a la «estratosfera política» de las organizaciones financieras y comerciales internacionales (donde la gente no tiene ninguna posibilidad de influir en ellas, pero eso sólo hasta Seattle).

La globalización reproduce la desigualdad de una manera diferente y, al mismo tiempo, protege a los privilegiados de sus efectos.

La clase adinerada «democrática» en los países capitalistas del Norte global se protege de un «voto contra toda la propiedad» «exportando» la sección más empobrecida de su clase obrera al Sur global. En este caso, las decisiones que repercuten en la vida de estos trabajadores son tomadas en otro país donde, bajo el sistema de estado nación, no tienen voz; eso si tienen voz política en su propio país, donde en muchos de ellos hay una dictadura militar o de cualquier otro tipo. Por supuesto, este sistema es tan antiguo como el colonialismo; el «desarrollo económico» y la «globalización» sólo son su encarnación más reciente.

Swift deja claro que la «democracia» no es el nombre de un sistema de gobierno que hay en ciertos países, sino el objetivo de una lucha a la que todavía le queda un largo camino por recorrer. Si, como dicen los defensores del Fin-de-la-Historia, con la desaparición del socialismo, lo único que queda es la democracia, pues muy bien, pongamos manos a la obra. Asimismo, para un demócrata radical como Swift, eso no significa simplemente tontear con instituciones o ampliar la lista de derechos humanos. Un alejamiento de lo que llama el «modelo de mercado fuerte/democracia débil» requiere no sólo un cambio en las instituciones, sino también un cambio de valores y actitudes, desde los del consumismo político hasta los de la ciudadanía. Esta posibilidad no existe únicamente en el ámbito de la teoría abstracta, sino que es algo que vemos, al menos de modo parcial, en la vida cotidiana. Swift escribe de los «estallidos democráticos» que ocurren de vez en cuando por todo el mundo, donde la gente «vuela a las asambleas» (Rousseau) y empieza a hacerse cargo de sus asuntos. Sostiene que hay un «impulso democrático», un deseo natural y sensato de ocuparse de los propios asuntos comunitarios e individuales, que existe en todas partes, y que es distinto de la ideología «democrática» pregonada en Occidente. La democracia entendida de esta manera puede sentar las bases para el entendimiento y la solidaridad entre pueblos con culturas muy distintas, pero que comparten el impulso democrático.

Uno de los atractivos de este libro es que está escrito en una prosa democrática. Hay tantos teóricos demócratas cuyos textos son inaccesibles para las personas a las que según ellos están destinados, escribiendo en lo que viene a ser un código, sólo descodificable por un pequeño círculo de personas de todo el mundo que han sido iniciadas en ciertas instituciones de posgrado. ¿Cómo puede uno creerse las aspiraciones democráticas de unos textos tan descaradamente elitistas? El estilo de Swift es directo y honesto, sin caer en una abstracción innecesaria o en fanfarronadas empleando jergas de moda. Dice lo que quiere decir, nada más. Así deberían escribir los demócratas.

C. Douglas Lummis
Autor de *Radical Democracy*

INTRODUCCIÓN

Mientras escribo este libro, la cruzada de Occidente contra el terrorismo ha lanzado su ofensiva contra los escombros de Afganistán. Eso pese a las advertencias de todos, desde el veterano periodista británico Robert Fisk hasta el historiador estadounidense del *establishment* Arthur Schlesinger, de que la alianza antiterrorista dirigida por Estados Unidos está cayendo en una «trampa de arena» tendida por Osama Bin Laden. De hecho, la reacción ya se está extendiendo por todo el mundo musulmán y tiene visos de ir a peor al tiempo que aumentan los inevitables «daños colaterales» (la muerte de civiles inocentes). De algún modo, es todo bastante predecible. Casi se puede ver, estampado en el horizonte meridional de Manhattan, donde antes estaban las torres del World Trade Center, el título del profético libro de Benjamín Barber *Jihad versus McWorld*.

Pero ¿y qué hay del resto de nosotros? Los que rechazamos un mundo dominado por un poder corporativo incomprensible, pero también nos horrorizamos ante el terror fanático y los programas autoritarios del fundamentalismo, ya sea islámico o no. Nos encontramos ante un espacio cada vez más reducido para presentar cualquier alternativa. En una era en que «los que no están con nosotros están contra nosotros», el lenguaje de los absolutos (traición, lealtad, guerra santa, patriotismo, cruzada, *jihad*) está eliminando la disensión de pensamiento y de hechos.

¿Y qué hay de la democracia? Ahora lo que preocupa es la seguridad y el sacrificio de nuestras libertades para salvaguardarnos a nosotros y nuestras propiedades. Los defensores del Estado de seguridad nacional se están preparando para unos niveles todavía más elevados de vigilancia de los ciudadanos, cerrando las fronteras con barricadas y vaciando las arcas para disponer de todavía más policías y soldados. ¿Y eso adónde nos lleva? Eso me recuerda la anécdota del oficial de la infantería de marina estadounidense cuando, al presentar un informe de las operaciones militares en la guerra del Vietnam, dijo: «Tuvimos que destruir el poblado para salvarlo.» ¿Tendremos que destrozar la democracia (aunque sólo sea la versión limitada que tenemos) para salvarla? ¿Para salvarla de qué?

Una alternativa podría ser analizar la fragilidad de la poca democracia que tenemos e intentar ver cómo se podría fortalecer. Ni a McWorld ni a la *Jihad* les interesa la democracia. Para el primero es un tótem que hay que exhibir como una especie de identificación ritual para reunir a las tropas; para el segundo es un simple subterfugio occidental para ocultar maniobras materialistas e imperialistas amorales. Tampoco debería sorprendernos: un programa para una democracia fuerte acabaría tanto con los fundamentalistas como con los gestores de fondos. Ni la dictadura de la teocracia ni la del capital son compatibles con la creencia en la democracia como principio subyacente para organizar la sociedad. Por eso es nuestra principal esperanza.

Por lo tanto, en un momento en que el espacio y los principios democráticos están siendo socavados tanto por McWorld como por la *Jihad*, este libro es un intento de dar vida a la posibilidad democrática. No a la pálida democracia consistente en señalar con una «x» una vez cada cuatro años para elegir una maquinaria política bien engrasada y su candidato perfectamente acicalado, sino una democracia que exista a todos los niveles de la sociedad. Una democracia arraigada en la vida cotidiana de los pescadores de la India, de los comerciantes en Kampala y de los obreros en el País

Vasco español. Una democracia de las ciudades, las fábricas, los barrios y hasta del sistema mundial. Una democracia que no se limite a las altas instancias del estado nación. Una democracia que vuelva a las raíces del significado de la palabra: autogobierno.

Richard Swift
Toronto

Capítulo 1
¿Qué es la democracia?

Los recientes enfrentamientos a causa del libre comercio han generado interesantes yuxtaposiciones sobre el significado de la democracia.

Me di cuenta de la ironía de estas yuxtaposiciones en medio de las nubes de gas lacrimógeno en las manifestaciones masivas contra la ampliación del actual Tratado de Libre Comercio de América del Norte (TLCAN) para incluir a los 34 países de América del Norte y del Sur pero excluyendo a Cuba. El Gobierno canadiense decidió expropiar el centro de la ciudad de Quebec levantando una valla de cuatro kilómetros para crear una zona acotada que protegiera a «nuestros» líderes de un público rebelde. Apostaron a más de seis mil policías de todo el país para proteger la valla de los miles de personas reunidas para protestar por las negociaciones secretas. El Área de Libre Comercio de las Américas (ALCA) fue diseñada en torno a la noción de mercados abiertos y los derechos de los inversores corporativos. Partía de un modelo determinado de desarrollo económico basado en el principio de «dejar que decida el mercado». Este modelo excluiría ciertas opciones políticas y económicas:

en la práctica, se eliminaría todo, desde un efervescente sector público hasta los controles del capital especulativo. Por lo tanto, se redujeron de un modo significativo las posibles políticas democráticas disponibles para todo el hemisferio.

La agenda de la conferencia ya es de sobra conocida: desregularización, privatización, libertad para los inversores extranjeros, un gobierno saneador... La trampa está en la palabra «libre» en «libre comercio». Libre significa democrático, ¿verdad? Pero en realidad, no lo es. En la práctica, han especulado con nuestros derechos medioambientales y sociales. Al margen de lo que quisiéramos como ciudadanos democráticos, lo que íbamos a recibir era la globalización inspirada en las corporaciones.

La batalla de Quebec duró tres días. Miles de personas se reunieron para decir no a la globalización corporativa y presentar la idea de que «otras Américas eran posibles». Las fuerzas del orden público llenaron la antigua ciudad de gas lacrimógeno a un ritmo que alcanzó los treinta botes el minuto. Muchos habitantes de la ciudad ni siquiera pudieron permanecer en sus hogares. Hubo cientos de heridos, y otros tantos detenidos, muchos con las excusas más triviales. El punto álgido de la reunión desde un punto de vista oficial fue la firma de una «cláusula de la democracia» en que todos los líderes se comprometían a tener un gobierno civil electo. También se logró el objetivo estadounidense de aislar a Cuba de la reunión.

Pero para los que estábamos del otro lado de la valla todo eso nos pareció una definición bastante hueca de la democracia. ¿Cómo podían nuestros líderes reunirse en secreto para desarrollar un programa que limitaría nuestras posibilidades y nuestros derechos democráticos y seguir hablando de democracia? ¿Es que la palabra no significaba nada?

¿Basta, como sostienen las autoridades, con que los políticos tengan credenciales democráticas (es decir, todos fueron elegidos de alguna manera) para que puedan comportarse de una manera antidemocrática? ¿Es que, como creen muchos políticos, una vez elegidos pueden hacer lo que les dé la gana siempre y cuando no los cojan violando la ley? Pocos de ellos fueron elegidos para un mandato en el que tuvieran que especular con los derechos de sus ciudadanos. En general en los periodos de elecciones no se debaten los acuerdos comerciales, sino que se suele hablar vagamente de los habituales compromisos con un buen gobierno y el orden público. Algunos incluso prometieron justicia social y una reducción de la distancia entre ricos y pobres. Muchos prometen (aunque, para ser justos, no es el caso de George W. Bush) un medioambiente más limpio. Y, sin embargo, aquí estaban todos emprendiendo acciones que harían que esas promesas fueran difíciles, si no imposibles, de cumplir. ¿Eso era democracia?

Del otro lado de la valla estaban los manifestantes. Casi todos los medios corporativos se mostraron hostiles a esta «multitud desenfrenada». Pero es que en una democracia, ¿acaso los ciudadanos no tienen la obligación de interesarse y vigilar los asuntos públicos? Cuando la gente ve que merman y reducen sus derechos (de hecho, los privatizan), ¿no tiene el deber democrático de salir en su defensa? Parecía que lo que de verdad querían los organizadores de la conferencia no era en absoluto unos ciudadanos activos, sino algo que se acercara más a esos consumidores de «buenas noticias» que se sientan ante sus televisores y asienten con entusiasmo al ver las limusinas, las fotos amañadas y los comunicados finales.

Los acontecimientos de Quebec me hicieron plantearme si la democracia sólo tiene que ver con las elecciones y con votar cada tantos años a alguien que después nos dirá qué es lo mejor para nosotros. ¿O bien tiene una definición más amplia? ¿Existe en la historia de la democracia una manera más radical en que la gente pueda gobernarse? Si es así, ¿cómo hemos podido alejarnos tanto de ella? ¿Y se puede volver?

Cuando los manifestantes de Quebec atravesaron la valla de seguridad, para mí fue como una victoria de la democracia. Para los que están en el poder fue una violación de la ley y el orden democráticos: una interferencia inoportuna en el proceso democrático. ¿Será posible salvar alguna vez dos visiones tan opuestas de la democracia?

Capítulo 2
El malestar democrático

«La gente que quiere entender la democracia debería pasar menos tiempo en la biblioteca con Aristóteles y más tiempo en los autobuses y en el metro.»
Simeon Strunsky
editor y ensayista

Aunque la democracia haya triunfado como sistema político preferido, muestra un creciente grado de desafección popular. El número de votantes y otros indicadores de participación popular están cayendo en picado. El ciudadano de a pie se siente alejado del proceso político y de la clase política más o menos permanente que lo domina. El dinero y los que lo controlan inciden fácilmente en los resultados de las tomas de decisiones democráticas, lo que está causando una crisis en el significado de la democracia a pesar de que los estudios internacionales señalan que, como idea social básica, la mayoría sigue creyendo en ella.

Hoy en día cuesta encontrar a gente que no crea en la democracia. Pero no siempre fue así. Hasta mediados del siglo XIX, cuando los movimientos a favor de los derechos democráticos empezaron a crecer en serio, en general se consideraba que la democracia era una idea peligrosa asociada al gobierno de las turbas barbáricas que seguro que destruirían todos los valores civilizados si se hacían con el poder. Sólo fue muy a regañadientes (y tras una lucha ardua y a menudo violenta) que se concedieron todos los derechos de ciudadanía a los que carecían de propiedades. Asimismo, hasta mediados del siglo XX no se extendió el sufragio a las mujeres. Y hasta después de la Segunda Guerra Mundial, no se consideró que los países colonizados de Asia y África eran lo suficientemente «maduros» para decidir su propio destino.

Pero los tiempos han cambiado. La democracia, o al menos su mecanismo, ahora es moneda corriente en la vida política. Es objeto de meticulosos estudios en las publicaciones académicas y en los seminarios universitarios. Periodistas y encuestadores labran sus carreras abriéndose paso entre los posos de té para definir la conducta subyacente tanto de los votantes como de los políticos a los que votan. Casi todos los debates de gestión pública se basan en lo que la gente quiere, desea o necesita. Hasta los dictadores aluden a una misteriosa «voluntad del pueblo» para justificarse. Desde el «derecho divino de los reyes» no se ha desarrollado una teoría política significativa que partiera de criterios ajenos a la democracia. Posiblemente se podrían identificar dos líneas claramente antidemocráticas en el pensamiento político contemporáneo: el fundamentalismo religioso de distintas tendencias y el autoritarismo tecnocrático. Sin embargo, en ambos casos, una parte significativa de su atractivo se basa en el concepto de que la gente necesita o desea (aunque sólo se dé cuenta de ello de manera imperfecta) los valores encarnados por una comunidad de creyentes o la aplicación de una ciencia rigurosa a la gestión pública.

La locura de Florida

Pero ¿qué es esta democracia con la que todos nos hemos comprometido tanto? En el año 2000, el mundo fue agasajado con un divertido (si no penoso) espectáculo en que dos candidatos a la presidencia de Estados Unidos se pusieron a maniobrar para ver cuál de los dos había ganado realmente las elecciones generales. Lo que estaba en juego era posiblemente el empleo más importante del mundo. De los millones de votos emitidos, todo se reducía a unos cuantos centenares de votos del estado de Florida. La culpa de esta contienda tan reñida fue de las máquinas para votar que no registraron correctamente la intención de los votantes (sobre todo en las zonas pobres), el diseño de las papeletas que confundió a los votantes, la intimidación por parte de la policía a algunos votantes, la negativa del tribunal más importante del país a hacer un recuento de votos, la exclusión de una parte significativa del electorado (la mayoría negra) por tener antecedentes penales (a menudo sin importancia), la presencia de grupos de personas para impedir el recuento de las papeletas y el papel desempeñado por autoridades descaradamente predispuestas cuando se decidió el resultado de las elecciones. El resultado: una victoria para el candidato republicano George W. Bush a través del sistema de los colegios electorales en el que el ganador se lo lleva todo y que favorece a los estados más pequeños y en general más conservadores. Bush triunfó a pesar de haber recibido menos votos que su oponente demócrata. Esto no pasó en Zimbabwe o Haití, sino en un país que se considera la cuna de la democracia. No era una «nación sinvergüenza», sino un verdadero púlpito internacional empleado tan a menudo para dar sermones admonitorios a las razas inferiores sobre la gloriosa libertad y sobre cómo debe ser la conducta electoral. El resto del mundo apenas si podía contener la risa. Como era de esperar, se minimizaron los hechos de manera insulsa: todo lo sucedido puso de manifiesto una vez más (según ese ejército tan digno de confianza formado por los defensores de la nación) la fuerza y resistencia de la democracia estadounidense. ¿Cómo? Eso me recuerda las palabras del actor Peter Ustinov cuando en una ocasión definió cruelmente la democracia en Estados Unidos como «el derecho inalienable a estar sentado en el porche de tu casa en pijama y con una lata de cerveza y a gritar "¿Dónde más se puede hacer esto?"»

Eso no significa que no haya movimientos importantes a favor de la reforma electoral en Estados Unidos que serían capaces de atraer a más votantes y de conseguir que los votos se contaran de una manera equitativa: no sólo a través de métodos precisos de tabulación, sino también por medio de una delimitación justa de los distritos electorales. El control del desmesurado gasto de las campañas también es básico para las estrategias de la reforma electoral en Estados Unidos.

Pero casi tan fascinante como los chanchullos políticos fue el discurso de los que pretendían dirigir e interpretar los acontecimientos para el resto de nosotros. Era como si los principios democráticos importaran menos que cuestiones como la estabilidad, la continuidad y, finalmente, la «clausura». Había que mantener las apariencias por los vecinos y los niños. Tenía que quedar claro con la menor dilación y duda posibles (dos condiciones necesarias para la justicia democrática) quién iba a estar al mando del liderazgo global. De lo contrario, parecía que el mundo entero podía estrellarse y arder en llamas. Dar una imagen de democracia era más importante que proteger su substancia. La reacción de la Bolsa era más importante que lo que votó la gente de Florida. Era como si dijeran: «Muy bien, ya hemos pasado por este ritual de los votos, ahora vamos a por lo que de verdad importa.» Sin duda esto le tocó la fibra sensible a una gran parte del electorado estadounidense que, de todos modos, ya no creía en el proceso electoral. Incluso la mayoría de los demócratas que apoyaban a Gore querían esa misteriosa clausura, tal vez temerosos de que alguien gritara: «Pero si el Emperador está desnudo.»

El triunfo de la democracia

Parece que en los demás países los demócratas tienen razones para alegrarse. En los últimos quince años han sido las dictaduras más que las democracias frágiles las que han caído como piezas de dominó en la mitología de la Guerra Fría. Tanto las dictaduras militares como los socialismos estatales con un solo partido se han batido en retirada de una manera espectacular. Ya sea en las antiguas repúblicas soviéticas de Asia o en los comunismos «liberales» de Europa del Este, los gobiernos estatales autocráticos, sumidos en el malestar económico y sometidos a una intensa presión popular, se han venido abajo como un proverbial castillo de naipes. Incluso las

Democracias electorales
Desde enero de 2000, las democracias electorales representan a 120 de los 192 países existentes y constituyen alrededor del sesenta por ciento de la población mundial.

Lista de democracias electorales (120) desde enero de 2000

Albania	El Salvador	Liberia	Portugal
Alemania	Ecuador	Lituania	Reino
Andorra	Eslovaquia	Luxemburgo	Unido
Argentina	España	Macedonia	Rumanía
Armenia	Estados	Madagascar	Rusia
Australia	Unidos de	Malawi	S. Christo-
Austria	América	Mali	pher y Nevis
Bahamas	Estonia	Malta	Santa Lucía
Bangladesh	Fiji	Marshall,	San Vicente
Barbados	Filipinas	islas	y las
Bélgica	Finlandia	Mauricio	Granadinas
Belize	Francia	Micronesia	Salomón
Benín	Georgia	Mozam-	Samoa
Bolivia	Ghana	bique	San Marino
Botsuana	Granada	Moldavia	Santo Tomé
Brasil	Grecia	Mónaco	y Príncipe
Bulgaria	Guatemala	Mongolia	Seychelles
Canadá	Guayana	Namibia	Sri Lanka
Cabo Verde	Guinea	Nauru	Sudáfrica,
Rep. Cen-	Bissau	Nepal	República
troafricana,	Haití	Nicaragua	de
Colombia	Honduras	Nigeria	Suecia
Corea del	Hungría	Noruega	Suiza
Sur	India	Nueva	Surinam
Costa Rica	Indonesia	Zelanda	Tailandia
Croacia	Irlanda	Países	Taiwán
Chile	Islandia	Bajos	Trinitad y
Chipre	Israel	Palau	Tobago
Rep. Checa	Italia	Panamá	Turquía
Dinamarca	Jamaica	Papua	Tuvalu
Djibuti	Japón	Nueva	Ucrania
Dominica	Kirguizistán	Guinea	Uruguay
Rep. Domi-	Kiribati	Paraguay	Vanuatu
nicana	Letonia	Polonia	Venezuela

Democracy's Century, Freedom House.

más siniestras bestias negras de la Guerra Fría –el estalinismo prusiano de Alemania del Este y el poderoso coloso de Moscú apoyado por el antaño feroz Ejército Rojo– han sido barridas por las revoluciones impulsadas por el «poder del pueblo» y sustituidas por diversos regímenes que defienden al menos algún tipo de pluralismo político. Sólo el resto del comunismo asiático y la pequeña y aislada isla de Cuba siguen siendo bastiones de un gobierno con un solo partido comunista.

En Latinoamérica, los militares de un país tras otro se han visto obligados a volver a sus cuarteles, sobre todo en el Cono Sur, aunque algunos países, como Venezuela y Colombia, todavía están muy militarizados. Colombia sigue siendo el que más se beneficia del mismo tipo de ayuda militar y de programas de formación estadounidenses (como parte de la aparentemente inacabable guerra contra las drogas) que ayudaron a mantener el continente bajo un reinado de terror militar durante décadas. Durante años, Estados Unidos ha formado a oficiales latinoamericanos en la Escuela de las Américas de Georgia para luchar contra la izquierda. No era fácil ver la relación de las técnicas de interrogación, tortura y manipulación política con la democracia. Pero todo esto pasó en una era en que los fines de la Guerra Fría justificaban una amplia variedad de medios antidemocráticos, en una era en que el «estadista» norteamericano Henry Kissinger pudo justificar el apoyo de Estados Unidos al cruento golpe de estado que derribó la democracia chilena diciendo: «No permitiré que un país se vuelva comunista por culpa de la irresponsabilidad de sus habitantes.»

Pero ahora las cosas han cambiado. La indigna retirada al Japón del presidente peruano autócrata Fujimori, la derrota del partido PRI señalando el fin de su control de la vida política mexicana desde hacía casi un siglo y los nobles intentos de conseguir que el antiguo dictador chileno Augusto Pinochet rindiera cuentas por sus crímenes, son todos indicios de una vitalidad democrática bastante real.

Incluso en África, con sus estados poscoloniales a menudo abotargados y muy militarizados, hay señales de esperanza, como el fin del apartheid en Sudáfrica y la celebración de las primeras elecciones relativamente honestas desde hacía muchos años en el país más poblado del continente, Nigeria. Es un principio prometedor, pero en el resto del continente sólo hay gobiernos representativos en unos pocos países del Oeste (Ghana, Senegal) y del Sur (Botsuana, Mozambique y Malawi). Las regiones al Norte, Este y en el Cuerno siguen en manos de caudillos políticos que prefieren luchar a cambiar, entre los cuales los más recalcitrantes son Moi en Kenia y el gobierno de Bashir en Sudán.

Por lo demás, siguen llegando buenas noticias, como cuando por fin estalló la revuelta popular de Serbia que derribó el régimen de Slobodan Milosevic y acabó con una de las formas más crudas de nacionalismo balcánico, o el derrocamiento del régimen de Suharto en Indonesia. Sólo el brutal régimen militar de Birmania y el golpe de estado militar en Pakistán, que tiene sometida a una población de unos ciento treinta millones de habitantes descontentos, emborronan el paisaje democrático.

Hay muchos otros signos de un incipiente consenso internacional sobre el valor de las instituciones representativas y sobre el respeto a al menos un mínimo de derechos humanos. El Banco Mundial y el Fondo Monetario Internacional (FMI) han propuesto castigar a aquellos cuyos antecedentes en cuestiones como «transparencia» y «buen gobierno» se consideren insuficientes. Una actitud muy distinta de la de los tiempos en que se daba prioridad a la estabilidad política y económica y en que estos dos antiguos defensores de la democracia hacían la vista gorda a los cadáveres del estadio nacional de Chile o a los ríos de sangre tras el golpe militar de Indonesia en 1967. En ambos casos, se consideró que el derrocamiento del poder civil de tendencia izquierdista era la mejor opción para los intereses geopolíticos de los Guerreros Fríos que estaban al mando de estas instituciones. Vemos ahora un gran cambio. El fin de la contienda de la Guerra Fría debería haber quitado gran parte de la leña ideológica y de las posturas hipócritas en el debate político. Debería producirse una grata purificación del aire y un retorno a criterios más honestos sobre «lo que es» y «lo que no es» la democracia. La Guerra Fría condujo a posturas hipócritas y cínicas: un buen ejemplo es la demonización del gobierno sandinista de Nicaragua (pese a que los sandinistas cedieron el poder cuando perdieron las elecciones), mientras dictaduras feroces como las de Cape

Town y Caracas recibían el trato de baluartes del mundo supuestamente «libre». Por el lado soviético, también se defendió a muchos países con credenciales socialistas dudosas, como la brutal dictadura del general Mengistu en Etiopía.

La democracia tras la Guerra Fría

Con el fin de la Guerra Fría, ya no basta con tener que justificar una serie de medidas políticas (ya sean democráticas o no) aludiendo a un «otro» antidemocrático y siniestro y diciendo simplemente que «las cosas podrían ser peor». Ahora la democracia, o su ausencia, tiene que mostrarse a cuerpo descubierto y ser juzgada por lo que es en lugar de por lo que no es. Y no sólo la juzga la intelectualidad política (los politólogos, periodistas, etc.), sino también los ciudadanos de a pie. El resultado de estos juicios es bastante aleccionador. Porque si por un lado la democracia nunca ha sido tan fuerte, también está sometida a una fuerte corriente de insatisfacción desde las bases.

Los indicadores de esta insatisfacción están en todas partes. El descenso de la participación de los votantes se ha propagado más allá de Norteamérica (en Estados Unidos menos del cincuenta por ciento del electorado se molesta en votar y en las últimas elecciones canadienses se dio la participación más baja de toda la historia del país), y la participación de los votantes en los países europeos donde no es obligatorio votar ha disminuido de una manera significativa en los últimos veinte años. Un estudio de quince países de Europa occidental reveló que la afiliación a los partidos políticos ha disminuido en casi un tercio, del 8,2 por ciento del electorado a principios de los ochenta al 5,2 por ciento a mediados de los noventa. Sólo para dar un ejemplo ilustrativo, el Partido Conservador británico, antaño uno de los partidos políticos más grandes del mundo, que contaba con tres millones de miembros después de la Segunda Guerra Mundial, ahora sólo tiene una décima parte de esta cifra.

En Europa del Este y los países de la antigua Unión Soviética casi se puede palpar la decepción con la democracia. Muchas personas que antes mandaban en el antiguo sistema comunista ahora han vuelto vestidas con prendas democráticas. El electorado oscila de manera errática entre la izquierda y la derecha, buscando la fugaz promesa de la democracia. El antiguo cinismo entre los ciudadanos que caracterizó al gobierno comunista ha vuelto a surgir como reacción a la nueva élite política que está en el poder.

Los datos sobre la opinión pública en Latinoamérica también son reveladores. La proporción de los que se sienten insatisfechos con la democracia varía desde el cuarenta por ciento en Perú y Bolivia, hasta el 59 por ciento en Brasil y el 62 en Colombia. En todas partes, los marginados económicamente, los que tienen menos recursos (y se supone que son los que más saldrían ganando con un gobierno receptivo) son los que se abstienen de participar en el proceso político.

En el Reino Unido, por ejemplo, sólo el 6,2 por ciento de los que tienen propiedades no están en el censo electoral, mientras que el 38,2 por ciento de los que viven en viviendas alquiladas y amuebladas nunca se han preocupado por censarse. La política democrática se está convirtiendo cada vez más en un medio para que los relativamente privilegiados defiendan lo que tienen en lugar de ser un vehículo para lograr una visión más igualitaria de la sociedad.

Votantes frustrados

Incluso en los lugares en donde la gente todavía se toma la molestia de votar se encuentra con que las medidas políticas implementadas limitan su influencia y frustran sus intenciones. Los sistemas basados en el modelo de mayoría simple o «first-past-the-post» (FPTP) de Westminster (propio del mundo anglosajón) son especialmente deficientes a la hora de reflejar la amplia gama de opiniones y opciones políticas. Los votantes a menudo se ven atrapados en el síndrome del «mal menor». El modelo FPTP tiende a agrupar a un par de partidos muy bien financiados y con ideologías bastante parecidas (en la práctica si no en la retórica), lo que refuerza la percepción del gran público de que los políticos son «todos iguales». Estos partidos suelen llamarse «partidos brokerage» por su abordaje de «todo es para todos» en las campañas electorales y su falta de compromiso con una ideología definida que vaya más allá del pragmatismo del poder. Dan a los intereses disponibles una suerte de apaño funcional de modo que la ideología consiste en sacar el máximo provecho. Las ideas extremas, los impulsos populistas, el pensamiento nuevo y los personajes idiosincrásicos son todos víctimas de una uniformidad desabrida que impregna la cultura política. La suya es una ortodoxia muscular que refuerza esta uniformidad, marginando de modo activo las ideas de la periferia. Curiosamente, esta uniformidad no genera urbanidad en la vida política, ya que cuando no existen verdaderas diferencias políticas, la política tiende a girar en torno a la personalidad y a los continuos y onerosos intentos de probar lo sinvergüenza que es el adversario. A esto lo han llamado la temporada tonta de la política que suele preceder inmediatamente a unas elecciones.

Si bien también hay una tendencia hacia este fenómeno en los sistemas electorales basados en la proporcionalidad (la Representación Proporcional o RP es el principal sistema electoral de Europa, Latinoamérica y la antigua Unión Soviética), es mucho más pronunciada en el FPTP. Con este sistema, la participación electoral es menor y la insatisfacción de los votantes, mayor. No es de extrañar que un partido político pueda ganar de manera abrumadora con los votos de sólo el cuarenta por ciento de los que se molestan en votar, cosa que ocurre según cómo se repartan los votos.

Otra manera en que los votantes ven que se frustran sus preferencias está en la división de los distritos que privilegia a unos más que a otros. A veces ocurre porque el gobierno que está en el poder manipula los límites políticos para conseguir los mejores resultados posibles. En general, esta situación suele favorecer a los votantes rurales frente a los urbanos. Por ejemplo, en Canadá, hay unos 101 escaños (la mayoría urbanos) que dependen de entre 100.000 y 120.000 ciudadanos, mientras otros 35 (la mayoría rurales) son decididos por entre 20.000 y 75.000 votantes. Una tendencia hacia la votación en el medio rural puede ejercer una influencia conservadora en la vida política, lo que se ve claramente en países como Francia o Alemania o en Estados Unidos, donde los senadores de los estados poco poblados del Oeste consiguen derrotar muchas

medidas de protección medioambiental muy populares en los demás sitios.
La exclusión consciente de ciertas categorías de votantes potenciales actúa en detrimento de una democracia verdaderamente

---

Mujeres en el Parlamento

En Brunei, la Unión de Emiratos Árabes, Qatar, Arabia Saudí, Omán y Kuwait, no se reconoce el derecho de la mujer a votar y a presentarse en las elecciones. En Suiza, las mujeres no tuvieron derecho a votar hasta 1971; en Nueva Zelanda se lo concedieron en 1893.

	% de mujeres en la cámara baja en 1999	% de mujeres con cargos ministeriales en 1998
Nueva Zelanda	29	8
Australia	22	17
Canadá	21	—
China	22	—
Cuba	28	5
Rep. Checa	15	17
Irán	5	0
México	17	5
Mozambique	25	0
Noruega	36	20
Sudáfrica	30	—
Tailandia	6	4
Uganda	18	13
Reino Unido	18	24
EE. UU.	13	26
Media mundial	11	—

Las mujeres del mundo 2000, Naciones Unidas:
Informe sobre el desarrollo humano 2001, Mundi-Prensa Libros.

global. A pesar de que el derecho al voto basado en la propiedad ha caído en desgracia, todavía quedan muchas categorías de exclusión. Los obreros emigrantes están excluidos en casi todas partes, lo que es especialmente injusto en los países de Europa en que constituyen un porcentaje importante de la clase obrera y habida cuenta de que llevan décadas viviendo en las sociedades «anfitrionas». Las personas con antecedentes penales no pueden votar en algunos países, como en muchas partes de Estados Unidos. Dado que Estados Unidos encarcela a un elevado porcentaje de la población negra masculina, en la práctica semejante medida se convierte en una categoría de exclusión racial. En los lugares con un sistema complicado para censar a los votantes, los pobres y semialfabetos suelen tener problemas para votar, mientras que los derechos políticos de las mujeres de Sudán o Afganistán están gravemente restringidos.

En muchos casos, el problema no es la falta de oportunidades para votar. Sólo en Estados Unidos se calcula que hay la friolera de 500.000 cargos públicos que se designan por votación. Otras democracias con administraciones públicas rígidas podrían plantearse aumentar el número de cargos, en especial los locales, que se designan por votación. Pero el principal problema al que se enfrenta la mayoría de las democracias es que la gente se autoexcluye de elegir a los candidatos, lo que refleja unos sentimientos generalizados de apatía e impotencia. Los políticos que se supone que representan a las personas, a menudo son considerados distantes y poco receptivos. Constituyen una clase distinta del votante corriente. Cuando no hay contienda (porque se considera que un candidato es invencible) o no se aborda ningún tema importante (porque todos los candidatos apoyan variaciones de las mismas medidas políticas), esta apatía del votante tiende a dispararse.

Un estudio realizado por el Centro para el Voto y la Democracia estadounidense analizó varias convocatorias para elegir a miembros del Congreso y vio que la participación electoral oscilaba entre un treinta por ciento (cuando no hubo contienda) y un 43 por ciento (cuando las elecciones fueron reñidas), según el grado de competitividad de la carrera. De modo que la participación electoral aumenta en las elecciones polémicas en las que hay importantes diferencias filosóficas entre los candidatos. Por lo tanto, ¿a quién le sorprende que en casi todo el mundo industrializado, donde los políticos suscriben una reducida gama de ideas sobre los principios de cómo hay que dirigir una economía de mercado (privatización, recortes en gastos e impuestos, liberalización, incentivos a inversores ricos), haya tantas personas que ni se molestan en votar?

Una clase política profesional

Pero el malestar de la democracia va más allá del descenso del número de votantes y la manipulación de las normativas electorales por parte de una élite interesada. Se deriva de las mismas profundidades de lo que suponemos que es la democracia. Muchos todavía tienen la sensación de que democracia significa «gobierno del pueblo»; dicho de otro modo, la gente participa en las decisiones que más le afectan. Si ése es el criterio básico de una democracia, nos hemos alejado mucho de él. Tal vez esa sensación de promesa fallida de lograr una vida realmente democrática sea la razón subyacente de la corriente de insatisfacción.

Nuestros actuales sistemas de democracia –gobiernos muy centralizados en los que nos «representa» una clase de políticos profesionales– parecen haber traicionado la promesa de autogobierno. Y si bien la ausencia de una auténtica posibilidad de elegir a candidatos e ideas entre estos políticos profesionales forma parte del malestar, ése no es el único problema. El sistema de un poder estatal centralizado parece cada vez más alejado de la vida de la mayoría de la gente y cuesta creer que los políticos (sean cuales sean sus ideas), preocupados por la macrogestión de la sociedad y la economía, realmente se interesen por lo que es importante para nosotros.

Esta idea se ve reforzada cada vez que un político dice algo a los votantes para que lo voten (que eliminará determinado impuesto, no firmará un acuerdo comercial, desarrollará determinado programa social) y luego, cuando está en el poder, hace todo lo contrario. Si bien esto suele atribuirse a la hipocresía típica de los políticos, es algo más que eso. Tiene que ver con los valores de «sigue la corriente, haz lo que quieren los poderosos intereses comerciales y no agites el barco» que impregnan toda la vida política.

Una consecuencia de esto es una extraordinaria hostilidad popular, no sólo hacia la clase política, sino hacia el Gobierno en sí y todo lo que hace. Los políticos conservadores han demostrado ser los que más han sabido aprovechar esta hostilidad (glorificando el mercado «honrado» a expensas del Estado «corrupto») y usan una retórica antigubernamental para acceder, paradójicamente, a las mismas posiciones en el poder que atacan. Incluso son capaces de criticar al «gran Gobierno» al tiempo que usan cínicamente los poderes del Estado para recompensar a sus amigos y vencer a sus enemigos. La yuxtaposición de la «posibilidad de elegir» que ofrece el mercado (con la importante salvedad de que tienes que tener el dinero para poder aprovechar esa oportunidad) con la ausencia de una verdadera opción política contribuye al malestar democrático. Es un juego de manos engañoso que presenta el mercado como un mecanismo de o para la democracia. Pero en una situación de decepción democrática y de alejamiento de una clase política irresponsable, la brujería pasa desapercibida.

La centralización del poder político existe en casi todos los niveles, al margen de lo que los defensores del mercado quieran hacernos creer. Los grandes partidos políticos están cada vez más alejados de los votantes. Los afiliados a los partidos ven cómo las personas a las que ayudan a salir elegidas en las convenciones hacen caso omiso, por sistema, de sus resoluciones políticas. El representante de las bases que tiene un escaño en un parlamento o asamblea nacional ejerce muy poco control sobre el gabinete, o si

---

Sin posibilidades de votar

Brunei, Omán, Qatar y Arabia Saudí nunca han tenido Parlamento.

Informe sobre el desarrollo humano 2001, Mundi-Prensa Libros.

está en la oposición, sobre el gabinete en la sombra. El gabinete controla aun menos el cargo cada vez más amplio de su dirigente, ya sea primer ministro, presidente o premier. «No nos atéis las manos», es el grito proferido desde las más altas instancias a las bases para ahogar el ruido de las promesas rotas y de los compromisos abandonados.

Todo ello nos deja con una serie de preguntas confusas sobre por qué el Gobierno no representa mejor el interés público y quién se ocupa realmente de fijar la agenda.

¿Quién llega a la cima?

El tipo de gente que ha acumulado un alto nivel de poder social y económico suele estar excesivamente representado en la clase política. En general predominan los abogados y los miembros de las salas de las juntas corporativas, pero también hay otros profesionales. Realmente es «el mejor tipo de gente.»

Los grupos marginados –los negros en Estados Unidos, los *dalit* («intocables») en la India, muchos tipos de inmigrantes y pueblos tribales de todas partes– tienden a estar muy poco representados. Tradicionalmente las mujeres han estado excluidas y, aunque se han producido cambios (sobre todo en el norte de Europa y, en menor grado, en el sur de Asia y Sudáfrica), también están muy poco representadas. Las mujeres siguen constituyendo menos del quince por ciento de los miembros de las asambleas representativas de todo el mundo y la cifra desciende hasta menos del diez por ciento cuando se trata de cargos gubernamentales y a nivel de Gabinete.

Esta clase política forma una élite gubernamental más o menos permanente, aunque a veces puede rotar. Las mismas caras aparecen una y otra vez. La frecuencia con la que oímos hablar del fenómeno del «retorno político» es un buen indicador de lo difícil que es quitarse de encima a sus miembros. Antiguos políticos militares, como Hugo Banzer en Bolivia o Ríos Montt en Guatemala, de pronto vuelven a adquirir prominencia política, y sus carreras al «servicio público» duran décadas. A veces un personaje sirve a muchos amos políticos y se deja llevar por las brisas ideológicas, pasando sin problemas de la izquierda a la derecha (y a veces incluso volviendo otra vez a la izquierda). Tal vez no haya ninguna otra actividad humana en que los octogenarios sean tan prominentes. Hombres de setenta u ochenta y pocos años desempeñan un papel desproporcionado en el gobierno de muchas naciones. En estos momentos, en Estados Unidos hay un senador –Strom Thurmond– que tiene más de cien años.

Incluso se puede relacionar cierto tipo de celebridad con los personajes más carismáticos. Figuras del mundo del espectáculo (Reagan en Estados Unidos, Estrada en Filipinas) o antiguos monarcas, como el ex rey de Bulgaria, constituyen una buena materia prima para la política porque ya los alcanzó la fama. Como ocurre con la mayoría de los famosos, son personajes mágicos que existen en un mundo diferente del nuestro. Los más importantes están rodeados de fuertes medidas de seguridad para seguir siendo intocables. La seguridad de los poderosos se ha convertido en una obsesión y también en un negocio multimillonario. Se supone que debemos sentirnos agradecidos cuando uno de ellos se mezcla con la multitud y hace gala de ese «toque de hombre corriente» cuidadosamente elaborado que es tan importante en los políticos profesionales. La repetición de los mismos apellidos refleja la continuidad en la clase política: Kennedy, Bush, Bhutto, Clinton, Churchill, Gandhi...

Los políticos de esta cultura gubernamental tienden a formar una red sin fisuras con los que ostentan el poder en la economía y la sociedad de un modo más general. Están en las mismas juntas, viven en los mismos barrios elegantes, son socios de los mismos clubes, llevan a sus hijos a las mismas escuelas privadas. Es, en general, un mundo agradable, aunque las presiones para permanecer en él pueden ser muy fuertes. Se comparten unos valores sobre cómo deben hacerse las cosas, lo que suele significar que hay que hacerlas de manera que no amenacen los intereses de ese mundo y, si es posible, que los amplíen.

El vicepresidente Dick Cheney, de la Administración Bush, es un ejemplo clásico. Este antiguo miembro del sector conservador de la clase política estadounidense fue secretario de Defensa de Bush padre a principios de la década de 1990. Después se pasó al sector privado, donde trabajó para una empresa petrolífera con sede en Dallas llamada Halliburton. Cuando Cheney llegó a Halliburton, la empresa facturaba al departamento de Defensa de Estados Unidos menos de trescientos millones de dólares, y cuando se marchó, facturaba más de 650. Paul O'Neill, secretario del Tesoro del gabinete de Bush y antiguo presidente de Alcoa (la mayor empresa de aluminio del mundo) al parecer no vio la necesidad de deshacerse de las opciones de compra de acciones de la empresa valoradas en noventa millones de dólares. En Rusia, la clase empresarial y al mismo tiempo criminal formada por los ricos oligarcas creó una especie de corte en torno a Boris Yeltsin y ahora en torno a Vladímir Putin. En Italia, Silvio Berlusconi, uno de los hombres más ricos del país, que prácticamente monopoliza los medios de comunicación italianos, ha recurrido a su riqueza y su influencia para convertirse en una de las principales figuras de la política italiana. Suele haber una especie de puerta «giratoria» entre las élites política y económica, empleada para premiar a la primera por sus servicios cuando abandonan sus cargos. En el Sur, las diferencias entre las circunstancias de la clase política y las de los ciudadanos de a pie son todavía más flagrantes. Esta gente suele tener el dinero en paraísos fiscales (Suiza o las islas Caimán), sus hijos asisten a universidades en Australia y Estados Unidos, reciben asistencia médica en Singapur, Europa o América y sus propiedades están en París o California.

Políticos corruptos

Un rasgo revelador de que los políticos se han convertido en una «clase especial» es su creencia generalizada de que son *legibus solitus* o de que están «por encima de la ley». Ya sea realizando escuchas ilegales (Mitterrand) o pellizcos municipales (Chirac), enriqueciéndose personalmente (Yeltsin y Salinas) o evadiendo su responsabilidad democrática (Reagan en el caso Irán/Contra), la clase política viola la ley de manera sistemática para beneficiarse económicamente o para conservar y proteger su poder.

No suelen cogerlos y rara vez los juzgan. Dos excepciones son el presidente Joseph Estrada de Filipinas, al que cogieron robando de las arcas del Estado, y el presidente argentino Carlos Menem, acusado de venta ilegal de armas. Pero en general suele bastar con unas disculpas en público. En muchos lugares, como Japón, semejantes disculpas se han convertido en una suerte de rito nacional. En la actualidad, la «confianza sagrada» en el cargo electo se ve casi continuamente puesta a prueba por los escándalos, desde Perú hasta Polonia. La arrogancia del poder se basa en la convicción no expresada pero persistente de que el «derecho divino de los reyes» se ha convertido en una especie de «derecho divino de los dirigentes electos».

Otra razón por la que la gente se ha distanciado de la manera en que se practica la democracia en la actualidad tiene que ver con el dinero. Hay una sensación cada vez mayor de que el dinero mancilla la democracia. Se calcula que las últimas elecciones presidenciales de Estados Unidos costaron alrededor de mil millones de dólares. Se supone que los principales contribuyentes están en muy buena posición para influir en aquellos a los que ayudan a votar. Por ejemplo, uno de los principales contribuyentes en Estados Unidos es la gigante tabacalera Philip Morris. Parece poco probable que eso no le procure un importante grado de acceso a influencias.

A medida que desciende el número de afiliados a los partidos, los políticos tienen que depender cada vez más de la generosidad corporativa para financiar las onerosas campañas publicitarias basadas en los medios durante las elecciones. El Partido Laborista británico es un caso típico. Al disminuir en importancia las donaciones individuales, los grandes donantes corporativos han ido llenando el vacío, entre los que se incluyen desde la cadena estadounidense de comida rápida McDonald's hasta los lores Hamlyn y Sainsbury (propietario de una famosa cadena de supermercados), que donaron cada uno dos millones de libras. En abril de 2000, el partido organizó una cena por quinientas libras el cubierto, donde las principales empresas que tenían importantes intereses en las decisiones gubernamentales engulleron casi todas las delicias servidas en el hotel Grosvenor.

Las cantidades cada vez mayores de dinero que se necesitan para ganar unas elecciones echan por tierra el típico mito democrático estadounidense según el cual se supone que una persona puede pasar «de una cabaña de madera (o de un parque de caravanas) a la Casa Blanca». A esos precios, algo así parece tan probable como los demás cuentos de hadas sobre gente que pasa de «los harapos a la riqueza» y sale adelante sin la ayuda de nadie. La fórmula contraria de que «los ricos se hacen más ricos y los pobres más pobres» se acerca mucho más a la experiencia de la mayoría de la gente.

El dinero sigue mandando

Se han propuesto y aplicado varios remedios para nivelar el campo de juego político a fin de que el dinero no mande tanto. La mayoría tiene que ver con la imposición de límites al gasto y otras leyes para la financiación de campañas. Semejantes límites, en general, han sido más débiles en Norteamérica y más fuertes para las restricciones en Europa y demás sitios. Desde que se ha aplicado este tipo de legislación, en prácticamente todas las principales democracias (y también en algunas de las más pequeñas), ha salido a la luz pública la noticia de que un importante personaje político ha violado la ley para eludir las leyes financieras de las campañas. El caso más conocido es el de Helmut Kohl, el Canciller conservador de Alemania, que blanqueó una fortuna en contribuciones ilegales a sus campañas y hundió el destino político de la Unión Demócrata Cristiana. Pero eso no se acaba aquí: los escándalos por la financiación de campañas sacudieron la Administración Clinton en Washington y en Japón hay uno casi cada mes. En Gran Bretaña el Nuevo Laborismo acaba de ser blanco de fuertes críticas por su dependencia de unos pocos multimillonarios. Los políticos de todas partes sufren el dilema de cómo recaudar las grandes cantidades de dinero necesarias para el éxito político sin dar la impresión de que los contribuyentes ricos los tienen metidos en el bolsillo. Los controles a la financiación de partidos se derivan de un deseo comprensible de honestidad y justicia, pero la violación y evasión constantes de estas reglas es otra razón por la que la gente se distancia cada vez más de la clase política dominante.

Lo que consigue todo este dinero para las campañas es comprar «imagen». La compleja maquinaria del éxito electoral (encuestas, grupos de análisis, telemarketing, saturación publicitaria, grupos de asesores expertos, convenciones políticas espectaculares) ha sido exportada de Estados Unidos junto con las películas de Disney y los juegos de ordenador de Microsoft. Los mismos votantes escarmentados por la política del dinero pueden ser seducidos por la imagen que se compra con ese dinero. Las medidas y los problemas de envergadura pierden relevancia política, eclipsados por las máquinas creadoras de imagen que compiten entre sí y que juegan con las virtudes personales de los líderes: fuerza, integridad, etc. Un ejemplo típico es la directiva filtrada por un parlamentario del Partido Laborista británico y que dio la cúpula del Partido en el periodo previo a unas elecciones nacionales. En ella se ordenaba a los «buenos miembros» que no dedicaran más de treinta segundos a hablar con sus electores y que no entablaran discusiones prolongadas con nadie sobre la política del Partido. Para que vean lo que es la representación y una reflexión sobria. El turbo-capitalismo está produciendo una política cuya democracia tiene que ver con el espectáculo y que ha perdido todo interés en la soberanía popular.

Transferir el poder

La centralización del poder en manos de una reducida élite política no sólo existe dentro de los partidos políticos o de los gobiernos nacionales, sino que está en todos los niveles de gobierno. La centralización está absorbiendo la vitalidad de los gobiernos regionales, municipales y locales cuyos poderes (en especial en lo que se refiere a la recaudación de dinero por medio de impuestos) están siendo usurpados por los políticos nacionales. Así, los niveles de gobierno que están más cerca de la gente tienen menos poder para desarrollar políticas y defender su calidad de vida. No suelen tener una existencia constitucional propia, sino que deben sus disposiciones legales a los caprichos de los gobiernos de «arriba». Semejantes gobiernos «superiores» no tienen reparos en intervenir para cambiar las normativas electorales, destituir alcaldes, volver a trazar los límites municipales e incluso eliminar niveles enteros de gobierno. Les reducen el poder y al mismo tiempo les aumentan las responsabilidades. Se ha empleado el término «descargar» para referirse al fenómeno en que el Estado nacional se desprende de sus responsabilidades –pero rara vez de los recursos necesarios para hacerse cargo de ellas– y las transfiere a los niveles locales de gobierno. El gobierno local es un proveedor clave de muchos servicios gubernamentales populares (ocio, espacio público, bienestar, medio ambiente, medidas locales, gran parte de la salud pública, vivienda, a veces educación), mientras el Estado nacional conserva el grueso de los recursos para financiar los programas nacionales y toda la parafernalia propia de un estado (el aparato de seguridad, la política exterior y la compleja maquinaria protocolaria). Es fácil ver en esta dinámica centralizadora cuáles son los programas más vulnerables a las medidas para reducir gastos.

Como si eso no bastara, incluso los estados nación están sometidos a presiones por parte de instituciones prácticamente exentas de la presión democrática pública, instituciones como el Fondo Monetario Internacional (FMI) y la Organización Mundial del Comercio (OMC), que son los organismos semioficiales que imponen las cambiantes reglas de la economía globalizadora. La concentración de poder en sus manos y la de los actores privados en la economía global (corporaciones transnacionales, mercados de capital, accionistas, especuladores de divisas, agencias calificadoras de solvencia) ha conducido a una explosión de publicaciones de ciencias sociales que analizan el futuro del estado nación. Estas publicaciones intentan (desde muy distintos puntos de vista) conciliarse con un mundo donde la soberanía sacrosanta de los estados nación (al menos las poderosas) está constreñida por las fuerzas económicas que limitan seriamente la elección de una política económica.

Las restricciones tampoco se limitan al ámbito puramente económico. Cuestiones gestionadas por el Gobierno como la salud, la seguridad en el trabajo, el apoyo público a las artes y las medidas de protección medioambiental corresponden todas a un régimen de normativas del comercio internacional decididas e impuestas al margen de los parámetros de una legislación nacional. En términos prácticos, esto podría dar lugar a que una medida política pública (por ejemplo, la de prohibir un aditivo contaminante en la gasolina o apoyar la producción del cine nacional) sea defendida por la gran mayoría de los ciudadanos, pero al final se descarte por no encajar con una serie de normativas del comercio internacional y para la inversión.

Las consecuencias de la escasa posibilidad de elección democrática que todavía tenemos son bastante obvias. Las reglas que rigen suelen favorecer las soluciones del mercado (en lugar de, por ejemplo, la inversión pública o un sector de cooperativas apoyadas por el Gobierno) y los intereses de las corporaciones transnacionales. En otras palabras, refuerzan los intentos corporativos e individuales de maximizar los ingresos y los beneficios privados y nos impiden discutir y decidir colectivamente cómo queremos que sean las ciudades, pueblos y sociedades en que vivimos.

Las opiniones en la avalancha de publicaciones sobre la «crisis del estado nación» varían, desde las que celebran la muy necesitada disciplina impuesta por un mercado sano a las aspiraciones democráticas «poco realistas», hasta las de los que se horrorizan por la amenaza a la soberanía popular. Los diferentes teóricos dan distintas interpretaciones al «efecto de arrastre» de la globalización en las decisiones políticas tomadas por gobiernos supuestamente soberanos; sin embargo, nadie discute su existencia ni su crecimiento continuo.

Para concluir, se puede decir que las instituciones representativas empiezan a ser (con importantes excepciones) la norma en varias partes del mundo. Pero al mismo tiempo los ciudadanos se están distanciando cada vez más de las «democracias realmente existentes». Eso se debe en parte a las tendencias hacia un elitismo y hacia la manipulación política inherentes a la práctica convencional de la política. También se debe en parte a una centralización que absorbe el poder de lo local para pasarlo a los ámbitos menos responsables de la estratosfera política, ámbitos que a veces parecen estar más allá del alcance de la política en general. Sin embargo, el distanciamiento tiene un efecto positivo: significa que persiste la idea de que la democracia podría y debería ser algo más. El resto de este libro intentará explicar cómo llegamos a este compromiso tan tibio con la democracia y analizará las posibilidades para conseguir una versión más vigorosa.

Capítulo 3
Democracia débil y democracia fuerte

«En una democracia, es posible que te respeten a pesar de ser pobre, pero no cuentes con ello.»

Charles Merrill Smith
escritor

Se pueden identificar dos tendencias en la historia del pensamiento y la experiencia democráticos. Una es una democracia débil, donde la soberanía popular está constreñida por el derecho individual a la propiedad que está por encima de los derechos colectivos de la comunidad. Esta teoría se basa en el concepto del individualismo posesivo y es un modelo de democracia débil/mercado fuerte. La segunda tendencia es la noción de una democracia fuerte arraigada en la tradición republicana radical, que hace hincapié en el autogobierno de la comunidad política y la igualdad de poder en las tomas de decisiones democráticas.

Incluso cuando nació la democracia, tuvo críticos que se hicieron oír. Platón y Sócrates acogieron su llegada a la antigua Atenas con graves advertencias sobre lo que significaba confiar el bienestar de la ciudad a una multitud impredecible. Los dos se opusieron a que todos los ciudadanos participaran directamente en su autogobierno. En cambio preferían que la política estuviera en manos de los mejores, de expertos en el ámbito concreto de la política (es decir, lo que hoy día constituye la clase política). La democracia ateniense (una democracia directa de ricos y pobres por igual, pero que excluía a las mujeres y los esclavos) también tuvo sus defensores. Protágoras, amigo y consejero del influyente Pericles, sostenía que cualquier ciudadano adulto podía aprender el arte de la política (la capacidad de emitir juicios razonados sobre cuestiones que afectaban a la ciudad) y, por lo tanto, debía formar parte del organismo encargado de decidir esas cuestiones. Incluso Aristóteles, otro crítico de la democracia en general, creía que una persona se volvía completamente humana sólo cuando participaba en política. Según los griegos, un «idiota» era aquél que ignoraba los asuntos públicos. Miles de ciudadanos atenienses se reunían a discutir y decidir las cuestiones del día.

Como señala el activista y teórico demócrata Douglas Lummis, «si bien los atenienses no inventaron la esclavitud ni el patriarcado (y en realidad tampoco el imperio), tampoco los abolieron; lo que sí hicieron fue descubrir la libertad pública.» Remontándonos al siglo XIX, el filósofo político John Stuart Mill sostuvo que el logro de los ciudadanos atenienses de un importante grado de autogobierno «elevó el nivel intelectual de un ciudadano medio ateniense mucho más de lo que pudiera darse como ejemplo en cualquier otra masa de hombres, ya sea antigua o moderna.»

Tras la caída de la república ateniense y más tarde de la romana, el debate intelectual sobre los méritos de la democracia decayó. Pero eso no redujo los intentos de la gente de controlar sus circunstancias y su destino. El impulso democrático se ha extendido en el tiempo y el espacio, adoptando diversas formas en las diferentes sociedades primitivas, los movimientos religiosos, los gremios de artesanos, las comunidades monásticas y en una amplia variedad de revueltas campesinas. Las sectas heréticas, como la de los albigenses o los cátaros en el sur de Francia, y los movimientos de disensión en Europa del Este resistieron el poder tanto del Estado central como de la Iglesia. El impulso democrático se alimenta de y coexiste con las teorías más complejas de la democracia y ejerce una presión constante para ampliar los límites de las «democracias que existen realmente» tanto en la teoría como en la práctica.

Este impulso democrático no puede ser reivindicado por Occidente del mismo modo que reivindica la tradición formal democrática y liberal arraigada en la filosofía de la Ilustración y la práctica de las revoluciones americana y francesa. Dicho impulso se proyecta más ampliamente en las luchas de los campesinos contra los señores, de los pueblos tribales contra los enemigos de un sistema de vida igualitario, de los pueblos independientes contra los imperios en expansión, de los disidentes religiosos contra los clérigos que ejercen el poder e incluso de los jóvenes que se rebelan contra el dominio de los mayores.

Los antropólogos no coinciden sobre cuándo, dónde y por qué un poder separado de la sociedad se cristalizó en forma de jerarquía. Pero tal vez la fuente original del impulso democrático sea un recuerdo oculto de unos tiempos anteriores al Estado y la realeza.

El individualismo posesivo

La idea de la democracia como sistema de gobierno basado en un contrato entre el dirigente y su pueblo no empieza a surgir hasta los siglos XVI y XVII. Pero los teóricos de un gobierno basado en el consentimiento de los gobernados (al menos de algunos) –personas como Hobbes, Mills, Locke e incluso otras más radicales como Rousseau y Jefferson– también eran muy ambivalentes en lo que se refería al significado fundacional de la democracia, es decir del «gobierno del pueblo». En griego, la democracia es el *kratos* del *demos*: el poder del pueblo. No obstante, en el siglo XVII se tuvo que reconciliar este concepto con un gran número de estructuras antidemocráticas: las monarquías, la aristocracia, la esclavitud, el patriarcado y el nacimiento de una clase de propietarios acaudalados. Los que soñaban con la nueva libertad democrática también sufrían pesadillas sólo con pensar en el «poder de las masas» y el derrocamiento de la propiedad. Como Ireton, mano derecha del dirigente *roundhead* Cromwell, advirtió a los pretenciosos *levellers*, a

Línea del tiempo de la democracia

La siguiente tabla presenta los principales acontecimientos de la historia moderna y antigua que influyeron en el desarrollo y la propagación de la democracia. Desde los Diez Mandamientos hasta la fundación de la primera universidad, la imprenta de Gutenberg y la creación de Internet, todo ha contribuido al progreso y al fortalecimiento del sistema democrático.

S. XVIII a.C.	Hammurabi crea el primer código jurídico.
S. XVI-XIII	Moisés recibe los Diez Mandamientos en el monte Sinaí.
212 d.C.	Se concede la ciudadanía «Civis Romanus sum» a los súbditos libres.
221	La dinastía china Han permite la circulación de noticias oficiales, pero de diversa índole.
600	Se inventa la impresión de libros en China.
701	Se codifica la ley política japonesa.
790	Edad de oro de la cultura árabe.
802	Se codifican las leyes tribales germánicas por orden de Carlomagno.
970	Los fatimíes construyen la universidad al-Azhar en El Cairo, la primera universidad del mundo.
1119	Se funda la Universidad de Bolonia en Italia, y se inaugura la Universidad de París, en Francia, en 1150.
1215	El rey Juan sin Tierra sella la Magna Carta en Runnymede.
1455	Gutenberg inventa la imprenta móvil.
1492	Cristóbal Colón desembarca en el Caribe (inicio de la expansión europea).
1517	Martín Lutero publica 95 tesis, iniciando la Reforma en Europa.
1619	Primera asamblea colonial y representativa en América.
1625	Hugo Grocio publica *De Jure Belli ac Pacis*, que se convierte en la base de la ley internacional.
1646	Paz de Westfalia: fin de la guerra de los Treinta Años en Europa que señala el comienzo del concepto moderno del estado nación.
1679	Ley de *Habeas Corpus* en Inglaterra, que garantiza que nadie sea encarcelado sin antes comparecer ante la justicia.
1689	Aprobación de la ley de Tolerancia y la Declaración de Derechos en Inglaterra.
s. XVIII	Inicio de la Ilustración en Europa.
1762	Jean-Jacques Rousseau escribe *El contrato social*, donde sostiene que si un gobierno no sirve bien a sus súbditos, éstos tienen derecho a derribarlo y a crear otro nuevo.
1775	Inicio de la Revolución Americana.
1776	Adam Smith escribe *La riqueza de las naciones*.
1776	Declaración de independencia de Estados Unidos.
1787	Redacción de la Constitución americana y la Declaración de Derechos.
1789	Inicio de la Revolución Francesa.
1790	Rebelión en Haití contra el dominio francés dirigida por Toussaint l'Ouverture, siendo éste el primer movimiento de independencia de América Latina.

s. XIX   Cúspide de la Revolución Industrial.

1816   Bolívar derrota a los españoles en Venezuela; se confirma la independencia en 1821.

1829   Ilegalización de las prácticas de *suttee* (quemar viudas) en la India.

1833   Abolición de la esclavitud en el imperio británico.

1848   «Año de la Revolución» en toda Europa.

1859   John Stuart Mill publica *Sobre la libertad.*

1885   La Conferencia de Berlín inicia el «reparto de África».

1885   Se funda el Congreso Nacional Indio, iniciando la campaña para formar un gobierno nacional.

1893   Nueva Zelanda se convierte en la primera nación que establece plenamente un sistema de sufragio universal.

Periodo de entreguerras: Se concede el voto femenino y se crean los partidos de masas en Europa.

1925   Mussolini se convierte en dictador de Italia.

1927   Ascenso al poder de Josef Stalin en la Unión Soviética.

1933   Ascenso al poder de Adolph Hitler en Alemania.

1939   Final de la guerra civil española.

1944   Primeras elecciones presidenciales libres en Guatemala.

1945   Derrota del Eje, lo que señala el inicio del proceso de democratización en Europa y Japón.

1947   Independencia de India y Pakistán.

1948   La ONU aprueba la Declaración Universal de Derechos Humanos, garantizando a todas las personas de todos los países los derechos básicos.

1951   Declaración de la independencia libia (e inicio de la descolonización de África en la posguerra).

1956   Revolución húngara.

1964   La ley de derechos civiles estadounidense prohíbe la discriminación racial en la financiación y el empleo federal.

1968   Primavera de Praga.

1972   El Congreso estadounidense aprueba la ley de Igualdad de Oportunidades en respuesta al creciente movimiento feminista.

1976   Aprobación de los acuerdos de Helsinki sobre los derechos humanos.

1987   Mijaíl Gorbachov introduce la *glasnost* o abertura.

1989   Caída del muro de Berlín.

1989   Protestas populares en defensa de la democracia en la plaza de Tiananmen de Pekín.

1991   Desintegración de la Unión Soviética al tiempo que el Partido Comunista pierde poder; celebración de elecciones democráticas en Rusia y en toda Europa del Este.

1990   Uso extendido de Internet.

1999   Nigeria e Indonesia eligen gobiernos democráticos.

www.fordemocracy.net

los que los ideales de la revolución inglesa habían inspirado el deseo de una democracia más profunda, «no se puede dar libertad de una manera general si [ha de] preservarse la propiedad».

Así, los pensadores y teóricos originales de una democracia liberal se apartaron del abismo y decidieron que sólo se podía confiar el ejercicio del consentimiento (el voto) a los hombres con determinada cantidad de propiedades. Esta versión limitada de una democracia liberal, asociada especialmente a John Locke y James Mills, ha sido definida por el filósofo político C. B. Macpherson como «una teoría de individualismo posesivo». A los que no eran propietarios se les consideraba por definición irresponsables (no tenían ningún interés en la sociedad) y, por tanto, debían ser excluidos de la ciudadanía. Incluso para los que podían votar, las elecciones debían celebrarse a fin de elegir a los «representantes» que gobernarían en su lugar. Semejante «representación» era bastante indirecta, pues los parlamentarios conservaban toda la independencia necesaria para mantener el orden y la estabilidad política. Se trata de un tipo negativo de consentimiento: de una libertad *del* poder arbitrario en lugar de la libertad *para* gobernarse.

En su obra, Macpherson traza este concepto de libertad tal y como evolucionó a partir de las formas más antiguas de obligaciones y jerarquías. Explica el «individualismo posesivo» de la siguiente manera:

- 1. Es propio de la esencia humana usar nuestras capacidades para darnos satisfacción.
- 2. La sociedad ya no es un conjunto de relaciones de dominio feudal, sino muchos individuos libres e iguales que se relacionan entre sí por medio de sus propiedades.
- 3. La vida política tiene que ver con la protección de esas propiedades: todas las capacidades, incluidas la vida y la libertad, se consideran «propiedades» en lugar de derechos y obligaciones sociales. Por tanto, los derechos a usar la propiedad son fundamentales.

Este concepto de democracia liberal no tiene tanto que ver con los métodos para tomar las decisiones colectivas como con la protección al individuo de interferencias arbitrarias. Los que tenían más propiedades obviamente tenían más que perder y necesitaban más protección de las interferencias arbitrarias. En cuanto a la interferencia arbitraria por parte de los que tienen más propiedades contra los que tienen menos, el individualismo posesivo no dijo nada. Así, el liberalismo no era inherentemente democrático sino que, de hecho, era hostil al concepto de una democracia plena.

Los orígenes de una democracia débil

Se trata de la base del concepto de democracia «débil» que todavía tenemos: un estado minimalista debería interferir lo menos posible en los derechos económicos y políticos de los individuos. Se considera que el mercado, entonces incipiente, es una manera más o menos natural de ordenar los asuntos humanos. Pero hay que dejar que se las arregle solo lo máximo posible. Es fácil ver en este primer «individualismo posesivo» la base de los argumentos contemporáneos que ahora están de moda entre la Nueva Derecha. ¡Que los gobiernos nos dejen en paz! ¡No coarten la riqueza! Aparten el Gobierno a través de un proceso de privatización, una reducción de impuestos, la desregularización, etc. Dejen que el mercado funcione de una manera «natural». Los derechos individuales pesan más que las decisiones democráticas y colectivas de la sociedad. La antigua primera ministra británica Margaret Thatcher incluso llegó a negar la propia existencia de la sociedad.

Al principio el énfasis del liberalismo (el aspecto democrático vino después) recaía en la «libertad de elegir». Como resume Macpherson: «En lugar de una sociedad basada en la costumbre, en el estatus y en la asignación autoritaria del trabajo y las recompensas, tenemos una sociedad basada en la movilidad individual, en el contrato y en una asignación impersonal del trabajo y las recompensas realizada por el mercado en respuesta a las elecciones individuales. Todo el mundo se dejó llevar hacia el libre mercado.»

En esta sociedad del mercado, la ideología de la libertad de elegir se extendió hasta el sistema político y un número limitado de votantes: «El electorado no tiene por qué ser demócrata, y, por regla general, no lo era; lo único que se necesitaba era un electorado formado por hombres de fortuna para que el Gobierno fuera receptivo a sus elecciones.»

Otra tendencia cultural del conservadurismo, asociada al conservador británico Edmund Burke y al francés Alexis de Tocqueville, proyectó un temor a las masas pobres que amenazaban con derrocar a los mejores. El rechazo al derecho a votar se convirtió en un punto fundamental de la lucha democrática. Los defensores de la clase obrera y las feministas señalaron que las mujeres y las personas sin propiedades también eran ciudadanos. Fueron largas y arduas luchas con muchas esperanzas rotas y no pocos cuerpos destrozados. Un gran número de activistas demócratas dedicaron su vida a esta batalla.

Hasta finales del siglo XIX y principios del XX (varios siglos después del doloroso nacimiento de la sociedad liberal en la revolución inglesa), no se ganó poco a poco la batalla por extender el sufragio democrático a todos los adultos. Pero estas luchas siguieron hasta principios de la década de 1960, con el movimiento de derechos civiles para conceder el derecho al voto a los negros en el sur de Estados Unidos, y, de hecho, sigue hasta el día de hoy, ya que varios grupos (inmigrantes, pobres, ex convictos, diversos grupos minoritarios) no pueden votar. Pero a pesar de la extensión del derecho al voto, el sistema de la democracia débil siguió privilegiando a los que eran lo suficientemente ricos como para moldear e influir en los «resultados democráticos».

Una democracia fuerte

A partir de los primeros tiempos del pensamiento democrático y de su desarrollo surge una lucha entre una noción *débil* de la democracia y otra más *fuerte* que perdura hasta el día de hoy. Los primeros defensores de la democracia popular fuerte fueron activistas como Thomas Paine y teóricos radicales como Jean-Jacques Rousseau. El movimiento republicano francés y los partidarios de la política de la clase obrera, como los cartistas y los movimientos artesanos radicales de toda Europa, siguieron ampliando los límites de la democracia del mercado/propiedad. Cuando el movimiento sufragista y varios movimientos de derechos civiles cogieron el relevo, no sólo defendieron el voto en las elecciones nacionales, sino también la extensión de la igualdad democrática hasta la familia y la economía.

La clase conservadora y propietaria, por su parte, se echó atrás e intentó reducir el espacio democrático. Esta lucha continúa en distintos contextos históricos y geográficos. La noción de una democracia fuerte fue propulsada por el impulso democrático popular y por la constante amenaza de estallidos democráticos del pueblo. Encontró su reflejo intelectual en una variedad de ideas democráticas radicales. Por otro lado, hay una lucha constante para contener las expectativas y posibilidades democráticas. Los que tienen poder y privilegios lo consideran esencial para conservar sus derechos en el mercado y su capacidad de dirigir el Estado.

Macpherson cree que la teoría original de la democracia basada en la propiedad, reflejaba las verdaderas condiciones económicas de un capitalismo entonces incipiente. El concepto de igualdad basado en una «república de minifundistas» (campesinos, artesanos, pequeños empresarios) tenía su razón de ser hace varios siglos. Pero la teoría no se ha puesto al día con la realidad. La economía moderna dominada por un par de miles de corporaciones y bancos transnacionales es prácticamente una dictadura económica de proporciones globales. La respuesta de la corriente dominante de la teoría ha consistido en abandonar la idea de que la desigualdad de propiedad tenía relevancia política. El derecho a votar y a la protección de las leyes se extendió a todos al margen de su poder económico. Así, la teoría de la democracia liberal se adaptó para defender la legitimidad de la extraordinaria desigualdad en la riqueza y los privilegios que vemos en la actualidad.

Ratificar la democracia débil

Las ciencias políticas convencionales en general parten de la base de que la democracia liberal es la única teoría de la democracia. Los teóricos inventan fórmulas para una democracia débil y los empíricos se preocupan por los mecanismos con que suelen funcionar los sistemas en los países más ricos y por las formas en que los países más pobres pueden poner orden en los suyos. En general se abstienen de emitir juicios sobre hasta qué punto son realmente democráticos. Por lo tanto, la filosofía y teoría políticas críticas han sido desplazadas por detalladas descripciones de cómo compiten entre sí los grupos de intereses o por comparaciones de las distintas disposiciones constitucionales.

Las ciencias sociales y políticas modernas han heredado claramente la desconfianza al ciudadano de a pie y a su capacidad de autogobernarse. La mayoría de los expertos en ciencias políticas hacen hincapié en cuestiones de gestión política y en la eficacia comparativa de distintos sistemas de gobierno de élite. No hay que fomentar la participación (salvo la pasiva en las elecciones). Se considera que la estabilidad y el equilibrio del sistema son valores más importantes que la participación y la concesión del poder popular. La tendencia es a todas luces hacia una democracia débil.

Esto se reflejó en las principales corrientes intelectuales de principios del siglo XX. Sociólogos como el alemán Max Weber se centraron en la burocracia como la clave para entender el funcionamiento de los sistemas modernos de gestión. Otros, como el suizo Michels y los italianos Mosca y Pareto, crearon una selecta escuela de teóricos clásicos y postularon lo que casi podría llamarse una «ley de hierro de la oligarquía». En ella sostuvieron o más bien insistieron en que, en cualquier organización compleja, ya sea un partido político moderno o un gobierno, la democracia estaba socavada por el inevitable nacimiento de una élite. El pesimismo hacia las posibilidades democráticas se convirtió en norma. Como dijo el economista político Joseph Schrumpter en su famosa conclusión: «Los votantes deben entender que en cuanto han elegido a un individuo, la acción política es asunto de él [sic] y no de ellos. Eso significa que deben abstenerse de decirle lo que tiene que hacer.»

Era evidente que a nadie le preocupaba el poder del pueblo. Pensadores políticos como Walter Lippmann en Estados Unidos se preocuparon mucho más por la política de persuasión de masas (la manipulación) que por los detalles del poder democrático. Tal vez la definición moderna clásica a favor de la democracia débil haya sido la del Primer Ministro conservador británico Winston Churchill cuando proclamó que «la democracia es la peor forma de gobierno excepto todas las demás formas que se han intentado en una ocasión u otra.» Desde luego, menuda alabanza. Una definición reciente y reveladora, aunque algo burda, de la posición de la democracia débil es la que aparece en la conclusión del extenso libro de William D. Gairdner *The Trouble with Democracy*. Sostiene que tenemos que «reivindicar y renovar la democracia con un verdadero liberalismo clásico y volver a restaurar un gobierno de igualdad formal, a diferencia de la sustancial [...] defender la jerarquía social y moral, y las desigualdades que conlleva, como algo natural y como señal de toda sociedad libre y espontánea...» En otras palabras, como la desigualdad es consubstancial a la naturaleza humana, no se puede permitir que la democracia amenace la riqueza y el poder acumulados, ni siquiera cuando esa riqueza y ese poder violan los principios democráticos.

La izquierda abandona la democracia

La principal corriente de oposición a las teorías elitistas de la democracia procedieron de la izquierda socialista. Pero los socialistas, sobre todo los marxistas ortodoxos, no supieron coger la pelota democrática. Al principio se centraron en derrocar la dictadura en el mercado y en sustituir así el «individualismo posesivo» de Macpherson por una ciudadanía con una base más amplia. En el siglo XIX y principios del XX, nadie cuestionó que la izquierda representaba una democracia más amplia y global, aunque muchos se preguntaron si eso era posible o deseable. Pero la izquierda también abandonó la teoría democrática. A medida que el marxismo ortodoxo

Democracia fuerte: el crisol urbano

¿A quién llamamos cuando se nos atasca el retrete? Este antiguo adagio político es una manera de señalar cuál es el nivel de gobierno más importante para la mayoría de la gente. ¿De quién dependemos para nuestra seguridad física? ¿Para la salud pública? ¿Para las leyes de la vivienda? ¿Para las facilidades de ocio? ¿Para los servicios culturales? ¿Para los ingresos de supervivencia cuando no hay otros? En general dependemos de la ciudad o el ayuntamiento o de la autoridad local existente. Sin olvidar que hay muchos que ni siquiera tienen un retrete que se atasca (por no hablar de ingresos). Pero aun así sigue siendo válida la idea de que, ya sea para un poblado de la India rural, una barriada de las afueras de Sao Paulo o un suburbio industrial de Marsella, el elemento decisivo suele estar en lo local. Como dijo otro viejo sabio político: «toda la democracia es local».

En principio suena bien, pero parece que en la práctica esta idea está perdiendo terreno. En casi todas partes los estados nación centralizadores están exprimiendo poder a las instituciones locales. Una agenda que favorece el mercado y que fomenta los recortes, las privatizaciones y las reestructuraciones así como la «racionalización económica» de los gobiernos locales está haciendo mella. El gobierno municipal se está reduciendo a una unidad de «entrega de servicios» sin poder alguno. Se está creando un déficit democrático a nivel local en el que los niveles más altos de gobierno limitan los medios para proporcionar los servicios al tiempo que aumenta el número de servicios a proporcionar.

En Toronto, la mayor ciudad de Canadá, el Gobierno provincial conservador ha vuelto a trazar los límites municipales creando una ciudad que ya no se reconoce a sí misma. Las municipalidades locales que se autogobernaban han sido fusionadas para crear una gran ciudad y se ha reducido drásticamente el número de representantes locales electos. Los habitantes de Toronto se resistieron a este cambio y, aunque un setenta por ciento de la población lo rechazó en un referéndum, el Gobierno provincial hizo caso omiso de los resultados y moldeó la ciudad de acuerdo con sus caprichos para reducir gastos. Al carecer de un estatus constitucional legal, la democracia local estuvo a la merced de la autoridad central. Y Toronto no es un caso aislado. La centralización del poder, retirándolo de lo local para pasarlo a lo regional, es más visible en las grandes y pujantes ciudades del mundo. En el último cuarto de década estos tipos de «racionalizaciones» de los gobiernos locales se han producido en todas partes, desde Londres hasta Nueva York. Se han recortado presupuestos, reducido poderes, retirado y vuelto a poner alcaldías. Se ha limitado seriamente la capacidad de recaudar ingresos. Dado que el gobierno municipal está en la línea de combate de una serie de cuestiones cruciales, desde el problema de la vivienda y la pobreza hasta el transporte público y el deterioro medioambiental, la pérdida no ha sido sólo para la democracia local, sino también para la calidad de vida urbana.

Pero los centralizadores no se han salido del todo con la suya. En Toronto, Citizens for Local Democracy (Ciudadanos para la Democracia Local) han estado librando una animada batalla para revitalizar el poder de las bases. En la actualidad tienen una red con una serie de organizaciones, como Bread not Circuses Coalition (Coalición del Pan y No Circos) (que se opone a la apuesta olímpica de la ciudad), Toronto Environmental Alliance (Alianza Medioambiental de Toronto) y otros grupos de activistas que se interesan por el problema de la vivienda, el tráfico, los derechos de los inquilinos y una plétora de cuestiones que inciden en la calidad de vida urbana. Juntos presentan una visión alternativa de cómo sería la ciudad si ésta pudiera controlar su propio destino. Se están librando luchas similares en casi todas las principales zonas urbanas: ciudades de todo el mundo se han convertido en focos de resistencia ante las ambiciones centralizadoras de la clase política nacional. En los años 1980, ciudades como Bolonia en Italia y Kyoto en Japón fueron modelos cuyo interés por un desarrollo equilibrado conllevó un grado importante de poder popular en lugar de simplemente dejar las cosas en manos del grupo de presión de los propietarios inmobiliarios. Más recientemente, ciudades como Londres (que eligió al candidato independiente Ken Livingstone como alcalde), Ciudad de México (donde gobierna el PRD, el partido de la oposición) y ahora París, han librado una batalla para imponer sus propias agendas y sus prioridades al Estado nacional, más preocupado por recortar gastos y privatizar que por ofrecer los bienes públicos necesarios para una calidad de vida decente.

Las ciudades y los pueblos suelen ser un buen lugar para la experimentación democrática. Un ejemplo es el del autogobierno en la comunidad alternativa Christiania, en el centro de Copenhague, a través de una participación popular directa. Otras poblaciones como el puerto marítimo japonés de Maki han recurrido a los referéndums locales para frustrar los planes de la poderosa Agencia Nacional Nuclear. Si eso ha podido ocurrir en un país tan centralizado como Japón, podemos imaginar el potencial de sociedades como las de Tailandia o Cataluña, donde la resistencia local al poder central es la principal moneda de cambio de la política.

Por lo tanto, cuando gran parte de la población mundial se está trasladando a las ciudades, es alentador ver una creciente contra tendencia municipal de resistencia y experimentación frente a una clase política nacional sedienta de poder. Sobre todo cuando el estado nación cede derechos democráticos locales (principalmente en cuestiones económicas) a la mano dura de los acuerdos de liberalización comercial impulsados por la Organización Mundial del Comercio. Por supuesto, las formas democráticas variarán, desde las de las pequeñas ciudades en el Norte industrializado a las de las comunidades pobres en torno a Lagos en Nigeria o Lima en Perú. Pero todas las formas locales tienen un mayor potencial para dejarse guiar por el ideal democrático original de que es la gente la que tiene que decidir. Al fin y al cabo, fue en el crisol urbano de la antigua Atenas, las ciudades estado italianas, la Ginebra del filósofo Jean-Jacques Rousseau y la Comuna de París de 1871 donde se forjaron muchas de nuestras nociones de una democracia fuerte.

adquiría ascendiente sobre la izquierda, trajo consigo la suposición de que una vez superadas las desigualdades en el mercado que socavaban la democracia, surgiría automáticamente el autogobierno de los obreros. Al final el Estado y la política que lo acompañaban se «debilitarían» y serían sustituidos por lo que el compatriota de Marx, Friedrich Engels, llamó una «administración de las cosas» con resonancias muy tecnocráticas.

No era necesario entrar en detalles sobre cómo funcionaría este autogobierno y los socialistas no se mostraron muy interesados en una teoría de soberanía popular que actuara como garantía de una democracia más amplia. De hecho, cualquier intento de algo parecido fue tachado de utópico. En retrospectiva, estas deficiencias demostraron ser fatídicas. Cuando el líder soviético Lenin llevó a cabo una adaptación autocrática del marxismo en un gobierno de un solo partido, las ideas sobre la «dictadura del proletariado» y el autogobierno de los obreros fueron postergadas a un futuro muy lejano.

Bajo el sucesor de Lenin, Stalin, y los demás líderes, la Unión Soviética se anquilosó formando una estructura estatal autocrática con una economía poco receptiva y cada vez menos eficaz. Este tipo de abordaje al socialismo y al desarrollo económico, propio de un estado policial, echó a perder el mejor argumento de la izquierda. Los defensores naturales de una democracia fuerte habían abandonado el campo. Ahora los campeones de la versión débil de la democracia basada en el mercado podían señalar con el dedo a la dictadura soviética horrorizados y reclamar para sí la franquicia democrática, convirtiéndose así en los únicos que jugaban a la democracia.

Por lo tanto, los dos extremos del espectro político se han visto atrapados intentando reconciliar (o negando la necesidad de reconciliar) el poder democrático de los ciudadanos con dos estructuras fundamentalmente antidemocráticas: el mercado y el Estado. Al hacerlo, las posibilidades democráticas se han atrofiado y el pensamiento político sobre la democracia se ha estancado. El renacer del pensamiento crítico impulsado por el surgimiento de la Nueva Izquierda en la década de 1960 intentó acabar con esto. Algunos pensadores, como Her-

bert Marcuse y marxistas europeos como André Gorz y Henri Lefebv-
re, buscaron un medio humano para sacar la democracia débil del
punto muerto. Otros del Sur, como Franz Fanon y Amílcar Cabral,
buscaron maneras de arrancar de raíz el legado colonial de la autocracia. Pero se centraron en la liberación y no en cómo podría funcionar realmente la democracia radical.

Estallidos de democracia

El fin de la Guerra Fría ha abonado el terreno para replantearse el
destino de los ideales democráticos. En la actualidad se ha reaviva-
do el interés por la teoría y la práctica democráticas que va más allá
del punto muerto en que se hallan el socialismo estatal y la democracia débil basada en el mercado. La presión sistemática de un
impulso democrático procedente de las bases y los continuos «estallidos democráticos» estimulados por esa presión es lo que ha hecho que la práctica y los ideales democráticos sigan siendo temas
de actualidad.

En un meditado ensayo, el politólogo Ricardo Blaug describe la
naturaleza de los estallidos democráticos contemporáneos y de qué
manera difieren de las distintas versiones de la democracia institu-
cionalizada. Subraya el carácter episódico de estos estallidos y
cómo convierten a los espectadores pasivos y a los consumidores
de política en agentes activos que crean redes informales y otros tipos de acciones democráticas. En momentos de agitación política,
el pueblo, como en la memorable frase de Rousseau, «corre a las
asambleas». Blaug concluye que la «democracia como estilo de
vida siempre ha sido muy oportunista». Crece rápidamente en el
espacio político que deja la pérdida del orden. Las crisis, las ruptu-
ras sistémicas, el liderazgo incompetente favorecen su expansión.
Los ejemplos de estallidos democráticos, algunos a gran escala, son
frecuentes en la historia de las luchas religiosas, los levantamientos
agrícolas, los movimientos obreros y las rebeliones secesionistas.
Estos retos tienen una cualidad inesperada y dramática. Blaug se
explica: «Formados por generaciones de soberanos y clérigos, ahora centramos nuestra atención únicamente en las élites políticas y

culturales, y, por lo tanto, no podemos ver la actividad política que por fin se expresa en un estallido de democracia.»

Blaug identifica los movimientos del último siglo: desde la resistencia espontánea de los daneses a los nazis (cuando miles de daneses se colgaron de los abrigos estrellas amarillas en solidaridad con los judíos del país) hasta la oposición a la guerra del Vietnam, la creación de *Solidaridad* en Polonia y la revuelta en París de 1968. Estas revueltas pueden ser locales, debidas a un escándalo medioambiental (un vertido de petróleo, un accidente de una central nuclear u otro percance tóxico) o a una acción especialmente abusiva por parte de nuestros gestores políticos y económicos. Los

---

Democracia fuerte: los movimientos sociales de Corea

«Si nos vamos de aquí, no tenemos adonde ir». Estas palabras las pronunció Nam Sang-wa, vicepresidente de la comisión de inquilinos en Pynchong-dong, un barrio en la zona de Bongchun-dong, en el sudeste de Seúl. Alrededor de una docena de inquilinos están reunidos en el salón de una de las casas que de momento se ha librado de la bola de demolición. Unos cuantos niños entran y salen de la habitación y ocasionalmente se sientan en el regazo de sus padres hasta que se impacientan con tanta charla de adultos. Y es que no paran de hablar. La conversación revolotea a su alrededor mientras los presentes se van cediendo la palabra para explicar cómo el mecanismo de la especulación inmobiliaria afecta a los pobres.

Son campesinos que en los últimos años se ha ido a vivir a Seúl. En las zonas de la ladera de Bongchun-dong los pobres están librando la última batalla en una ciudad rápidamente absorbida por elegantes rascacielos. Hay demasiada gente persiguiendo las escasas viviendas en un suelo cada vez más caro, y ahora los propietarios absentistas de Pynchong-dong acaban de vender las viviendas a una empresa de construcción que, con la aprobación del Gobierno, ha contratado a una empresa de demolición para destruir su comunidad. Ya han obligado a marcharse a un setenta y cinco por ciento de los habitantes.

Pero unas 134 familias están decididas a quedarse. Organizan manifestaciones y festivales de tambores como el que tuvo lugar la noche anterior. La empresa de demolición, por su parte, apaga las luces de las calles y prende pequeños fuegos. Uno de los inquilinos señala una casa a unos cien metros, donde hay unos hombres con tatuajes y aspecto amenazador, y dice que son miembros de bandas callejeras contratados por la empresa para acosar a la gente cuando pasa por ahí.

estallidos pueden volver a definir el paisaje político como lo hicieron las revoluciones de 1848 que asolaron Europa y pusieron a las monarquías absolutistas en jaque. Semejantes estallidos son casi inherentemente críticos de la democracia débil y buscan una forma de participación más sólida en la vida democrática.

Estos estallidos pueden durar horas o años, pero representan una amenaza constante de agitación popular desde las bases: una amenaza que persigue a la clase política. Ocurren, tal vez más profunda y peligrosamente, en situaciones en que el rechazo a la democracia es descarado. Podemos verlos en acción por todo el Sur, como en Haití cuando la *force populaire* se expuso a

La lucha de Pynchong-dong no es un caso aislado. Los inquilinos calculan que en Seúl hay cinco zonas principales de reurbanización y unas quinientas batallas distintas para resistir el traslado forzoso. Semejantes «heroísmos silenciosos» han acompañado al movimiento democrático de Corea del Sur en momentos difíciles. Los movimientos sociales coreanos están muy bien organizados. Disponen de capítulos locales y oficinas nacionales, alianzas y coaliciones, ejecutivos y actas. Tienen los archivos perfectamente ordenados y los pagos de los miembros registrados en las paredes. Los residentes de Pynchong-dong se relacionan con la Asociación de Inquilinos que forma parte de la Asociación de Pobres Urbanos. Dicha asociación cuenta con unos ochenta mil miembros y lucha por los derechos de los inquilinos, por un servicio de guardería infantil decente y por los vendedores ambulantes que luchan por crearse un espacio en las grietas de la economía coreana. Estos vendedores dan vida a las calles de Seúl, ya sea vendiendo grandes y jugosas peras o montando bares portátiles donde uno puede sentarse y tomar distintos tipos de mariscos. Pero se han convertido en el último blanco de la obsesión del Estado por controlar desde arriba y una serie de leyes restrictivas de zonificación están acabando con ellos.

Los movimientos urbanos de Seúl luchan por el espacio democrático que permitirá a la ciudadanía florecer incluso en los recovecos más inusitados de la vida urbana. Implícita (y a veces explícita) en su lucha está la noción de una democracia fuerte que va más allá de la urna. Una democracia basada en la idea de que la gente tiene derecho a controlar sus propias comunidades y a proteger sus maneras de ganarse la vida. Estas luchas urbanas están relacionadas con una tradición de defensa militante por parte tanto de los obreros como de los campesinos de sus derechos. Por eso Corea se ha convertido en el emplazamiento de una de las luchas más combativas emprendidas desde las bases contra los estragos de la globalización corporativa y a favor de una democracia fuerte.

las brigadas de la muerte de los Ton Ton Macoute en las calles de Port-au-Prince... en la resistencia de los habitantes de Timor Oriental al yugo indonesio desde hace décadas... en el creciente reto a la autoridad teocrática de los *mulahs* de Irán... en el valor aparentemente vano de los chechenos al enfrentarse a los tanques de Moscú... en la oposición intransigente de los birmanos al poder militar. En estos lugares los autócratas pueden ser derribados (o de lo contrario los aspirantes a demócratas serán masacrados) y una situación de posibilidad democrática puede durar varias semanas o incluso años antes de que puedan surgir estructuras más o menos «representativas».

Esos emocionantes momentos de conmoción política –la Comuna de París en los años 1870, las revoluciones populares en Europa del Este en 1989, Portugal tras el derrocamiento del fascismo, los sucesos de la plaza de Tiananmen en Pekín, Barcelona en la Guerra Civil española– fueron grandes estallidos y, en cierto sentido, constituyen la verdadera base de la democracia. Son al mismo tiempo caóticos, estimulantes y están llenos de compromisos y esperanzas para los ciudadanos. Algunos tienen un gran alcance histórico y modifican estructuras y recuerdos de un modo inalterable. Pero también pueden suceder de una manera menos espectacular con motivo de mil causas y agravios: ciudadanos que se resisten a que el Gobierno central debilite la autoridad del Gobierno local... que no permiten que cierren la escuela del barrio o la construcción de una gran autopista... que se reúnen para defender un parque amenazado o para frenar los abusos a un ecosistema local debido al vertido de residuos tóxicos o a la tala industrial e indiscriminada de árboles.

Estos estallidos democráticos son la materia prima para que una autocracia o una democracia débil se transforme en algo más profundo. En una democracia más fuerte y con cauces para la presión popular, semejantes iniciativas tienen más posibilidades de tener éxito. Una democracia débil se inclina a favor de los gestores del sistema y de su capacidad de restaurar el orden y reafirmar las fuerzas del mercado. Así que no debería sorprendernos que en momentos así florezcan los experimentos y las ideas a favor de una democracia fuerte.

Pero el impulso democrático –la sensación insaciable de la gente de que en una democracia deberían poder decidir– siempre es el imponderable. Nunca es evidente en qué momento se violará esta sensación y se desbaratarán los planes políticos o al menos se tambalearán peligrosamente. Seguro que el Primer Ministro de Japón no se esperaba que el público se indignara sólo porque no interrumpió su partida de golf tras recibir la noticia de que un submarino nuclear estadounidense había hundido un barco de pesca japonés. ¿Quién habría dicho que eso acabaría con su carrera política? O la decisión del Gobierno canadiense de dar una ayuda económica millonaria a los equipos de hockey profesionales para poder satisfacer las exigencias salariales de los gladiadores del hielo. No había ningún motivo para pensar que este regalo corporativo, como muchos otros, no sería aceptado. Seguro que unas cuantas personas se encogerían de hombros con resignación y ya está. Pero tras tres días de indignación popular, el Gobierno se vio obligado a dar una vergonzosa marcha atrás.

Varios años antes, el recalcitrante público canadiense había rechazado una propuesta verticalista (sometida a un referéndum) para renovar la Constitución, aunque casi toda la clase política estaba a favor. Este tipo de reacción popular a veces puede asolar continentes enteros, como el rechazo a los alimentos transgénicos que barrió toda Europa para la consternación de Monsanto y compañía. Pero todavía quedan preguntas en el aire: ¿son estos estallidos por su propia naturaleza episódicos? ¿Podemos encontrar una manera de construir algo a partir de ellos, de aprender algo para conseguir que la democracia sea más profunda?

La crisis de la gobernabilidad

Hace unos años las ciencias políticas ortodoxas empezaron a preocuparse por «la gobernabilidad de la democracia»: el concepto es del influyente intelectual de Harvard Samuel Huntington (que también fue asesor de Richard Nixon en la guerra de Vietnam). La investigación de Huntington (financiada por la elitista Comisión Trilateral) introdujo el concepto de que el sistema de gobierno se estaba «sobrecargando» con exigencias populares y poco realistas de seguridad económica y aportaciones políticas. En otras palabras, había *demasiada* democracia. Se tenían que encontrar maneras de proteger a la clase política, de aislarla de la presión popular. De lo contrario, ¿cómo iba a tomar esas decisiones tan duras e impopulares que eran necesarias para mantener la estabilidad y la prosperidad?

Esto se llevó a cabo en una serie de ámbitos clave. Algunas decisiones, en especial las relacionadas con la política económica, se dejaron en manos de las fuerzas del mercado para que las gestionaran ellas o bien se pasaron a poderosas instituciones multilaterales como la Organización Mundial del Comercio o el Fondo Monetario Internacional. En ambos casos, estaban totalmente fuera del alcance de la presión democrática. Se está imponiendo un régimen de privatización y recortes para convencer a la población «mimada» de que sólo tiene derecho a los bienes públicos de peor calidad. Y si alguien quiere algo mejor y puede pagarlo, tendrá que comprarlo en el lucrativo sector privado.

Poco a poco se ha ido formando un complejo Estado de seguridad nacional para «vigilar» la democracia y proteger a los políticos, tanto personal como políticamente. Así que ahora, cuando los movimientos sociales pretenden ampliar el espacio democrático, se les puede vigilar de cerca y contener si intentan usar los medios «ilegítimos» de la política de la calle para defender su causa. En muchos lugares se está librando una guerra constante y de baja intensidad, que no se preocupa mucho por los detalles democráticos, contra los disidentes. Se emplea la desinformación (a veces disfrazada de relaciones públicas) para desacreditarlos e invalidar sus preocupaciones. Los servicios de seguridad recurren a una amplia gama de tecnologías para fisgonear que contribuyen a crear un complejo Estado de seguridad nacional con un sesgo inherente contra los que proponen cambios. La «vigilancia» también se aplica a los sectores de la población considerados conflictivos o no productivos socialmente. Las prestaciones sociales están supeditadas a la supervisión de los pobres y los obligan a formar parte de los sectores peor pagados del mercado laboral por medio de recortes de beneficios y de los planes de empleo a cambio de ayudas. El número de presos va en aumento porque las represivas leyes contra las drogas criminalizan la conducta de varias minorías étnicas, grupos de inmigrantes y jóvenes. Esta combinación de disciplina económica y de vigilancia represiva es la fórmula actual para sostener una democracia débil.

Reafirmar la democracia

Pero el malestar por este tipo de democracia débil es cada vez mayor y no sólo está en las bases. Grandes financieros como George Soros, zares de los medios como Ted Turner y otras lumbreras globales que se reúnen anualmente en la famosa (y ahora asediada por manifestantes) ciudad balnearia suiza de Davos para el Foro Económico Mundial, empiezan a mostrarse preocupados porque el actual abordaje de una democracia débil –con sus consiguientes desigualdades de riqueza y poder– está causando una crisis de legitimidad de todo el sistema. Pensadores políticos como el pluralista clásico Robert Dahl, el decano de los estudios sobre la democracia, sostienen ahora que el mismo pluralismo que antes habían defendido está en peligro por culpa del poder del dinero corporativo que invade el sistema político.

Dahl cree que aunque es posible que al principio el capitalismo de mercado ayude a democratizar algunos países pobres, a la larga tiene un efecto de rebote y socava esa misma democracia: «Cuando los gobiernos autoritarios de los países menos modernos intentan desarrollar una economía de mercado dinámica, es probable que siembren las semillas de su propia destrucción final. Pero en cuanto la sociedad y la política han sido transformadas por el capitalismo de mercado y las instituciones democráticas son estables, el panorama cambia bastante. Entonces las desigualdades en los recursos producidas por el capitalismo de mercado generan importantes desigualdades políticas entre los ciudadanos.»

Dahl sostiene que es esencial volver a organizar la economía basándola en principios democráticos. Otros, como el pensador político británico David Held, proponen ampliar la democracia más allá del estado nación y llevarla al ámbito internacional para poder ejercer la presión democrática en las fuerzas y los medios de la globalización que antes habían estado fuera del alcance de las asambleas populares y de los cargos electos. Desde las mismas bases, el movimiento antiglobalización está planteando un reto basado en la idea de globalizar desde abajo para reafirmar los valores democráticos. Otros pensadores y activistas demócratas han presentado una serie de propuestas para fortalecer la democracia ante su evidente secuestro por parte de la clase política. Por lo tanto, la lucha entre una democracia débil y una fuerte no está en vías de desaparecer, sino que se está repitiendo en términos contemporáneos, en torno a cuestiones como la globalización e igualdad económica, y se vislumbran nuevos estallidos democráticos en el horizonte. Hay varios signos positivos que señalan que el estancamiento en el pensamiento político democrático está llegando a su fin. La preocupación por la «liberación» que acompañó los estallidos de los años 1960 se está trasladando a la preocupación por explorar las maneras en que el ejercicio del poder popular puede realmente moldear las decisiones sociales. El truco estará en poder seguir esta agitación de movimientos e ideas y aprovecharlos para realizar una transformación a largo plazo que institucionalice un poder popular capaz de sostener una democracia fuerte. Los siguientes capítulos explorarán el potencial de esta idea en diversos ámbitos clave.

Capítulo 4
Democratizar la economía

«Hablar de democracia sin tener en cuenta la economía en que ha de desarrollarse esa democracia es una acción propia de un avestruz.»
Adam Przeworski
sociólogo

La ausencia de democracia en la vida económica socava la democracia en todos los demás ámbitos. Los que ostentan el poder económico –en la actualidad suelen ser las grandes empresas transnacionales y los bancos– tienen un sinfín de maneras de conseguir lo que quieren de los procesos democráticos. Un requisito para lograr una democracia más sólida es disponer de una estrategia coherente para nivelar las desigualdades económicas y, por lo tanto, políticas. Este capítulo analiza el poder económico arraigado y presenta las diferentes estrategias para desafiarlo.

Para la mayoría de la gente, las aproximadamente ocho horas (o más en muchos casos) que pasa en el trabajo tienen más que ver con la dictadura que con la democracia. Si bien algunos lugares de trabajo se han vuelto más relajados, en la mayoría se sigue controlando de cerca el tiempo que uno está y lo que hace con él: cuándo llega, cuándo se va, cómo realiza sus tareas, cuánto tiempo tarda en comer, cuántas veces va al cuarto de baño, con quién habla por teléfono, cómo se comporta con el jefe. Todo está prescrito detalladamente, ya sea si uno trabaja como guardia de seguridad en Berlín o en una franquicia de comida rápida en Seúl, en una fábrica textil «maquiladora» de Centroamérica o fabricando placas base en Penang. Esta experiencia tan básica de la vida, la de ganarse el pan, implica que uno debe renunciar a su tiempo y su voluntad para someterse a la dirección de otros, lo que es una importante carencia en la construcción de una vida democrática. La experiencia de una autocracia gestora en el trabajo priva a la gente de un sentido de su propia capacidad de acción democrática. Crea una tendencia pasiva a «acatar órdenes» que chupa la sangre a la ciudadanía activa.

No es muy realista esperar una ciudadanía activa en gente que tiene tan poco poder para influir en el resto de sus vidas. La falta de compromiso democrático conduce de un modo casi inevitable a una actitud consumista y pasiva hacia la democracia. Esto lo refuerza una clase política que sabe manipular las preferencias del consumidor en el «mercado político», lo que se logra por medio de una industria que lleva a cabo onerosas campañas y crea imágenes muy elaboradas de honradez, sinceridad y fuerza para los políticos. Es mucho más fácil manipular a consumidores de política inseguros y poco reflexivos que tratar con una ciudadanía activista y consciente de sí misma. El consumismo en la política encaja de manera natural con la cultura orientada hacia el consumo propia del capitalismo del siglo XXI. Cuando las principales decisiones de una persona giran en torno a la posibilidad de elegir entre diferentes refrescos o marcas de cigarrillos, no es un gran salto reducir el compromiso democrático a la posibilidad de elegir entre el político de la marca X y el de la marca Y. Si, por el contrario, uno está acostumbrado a expresar de un modo activo su opinión en su lugar de trabajo y su comunidad, es poco probable que se sienta satisfecho con algo así.

Un terreno reñido

La historia del trabajo industrial también es la historia de la lucha por quién ejerce el control. En los primeros tiempos de la era industrial, los propietarios de las fábricas hicieron todo lo posible para arrebatar el control de la producción a los artesanos que tenían poder gracias a sus habilidades y su conocimiento del proceso de producción. Con el auge de la gestión científica inspirada por el ingeniero industrial Frederick Taylor, se dividió el trabajo en una serie de tareas repetitivas y fácilmente cronometrables en una cadena de montaje, cuya velocidad podía ser controlada por el director de la fábrica. Desde entonces, los obreros y sus organizaciones se han dedicado a una lucha constante para llevar la democracia a su lugar de trabajo. Para ello se han centrado sobre todo en las condiciones laborales: asegurándose de que sus trabajos son seguros y se hacen a un ritmo humano, con las interrupciones necesarias. Estas luchas que han emprendido muchos sindicatos tienen que ver con algo más que con cuestiones de dinero y van «más allá de los incentivos». También se han concentrado en el tiempo que se dedica a trabajar. La lucha por la jornada de ocho horas ha sido sustituida por un movimiento en defensa de una semana laboral de treinta o treinta y dos horas. Lo que se pretende es que el trabajo no domine la vida tal y como lo ha hecho a lo largo de casi toda la historia del capitalismo industrial.

El siguiente paso lógico era que los obreros y sus sindicatos exigieran expresar su opinión al tomar las decisiones sobre las inversiones y lo que se hacía con los beneficios. ¿Deberían esos beneficios derivarse hacia los dividendos en acciones y hacia las bonificaciones para los presidentes o reinvertirse en la empresa para fortalecerla? El punto de entrada para este tipo de exigencia democrática suele ser la cuestión del derecho del capital de deshacerse de los obreros que sobran mediante el simple despido.

Los movimientos obreros siempre han exigido expresar su opinión al respecto. Pero eso no es todo. Los sindicatos europeos en particular han intentado influir no sólo en *cómo* se producen las cosas, sino también en *lo que* se produce. El movimiento sindicalista se opone desde hace tiempo al armamento y más recientemente se ha mostrado a favor de los productos ecológicamente beneficiosos, como el transporte público en lugar de los vehículos privados. El movimiento sindicalista australiano ha luchado contra la explotación de uranio y a favor de la prohibición de proyectos de construcción que perjudican la calidad de vida en la ciudad. En lo que se refiere a la acción gubernamental, tradicionalmente los obreros han pedido su intervención para que limitara la soberanía del empresario y director en el lugar de trabajo y para que diera una orientación más amplia a las decisiones relativas a las inversiones y la producción. Semejantes exigencias violan directamente los derechos de propiedad que constituyen la base del modelo de la democracia débil /mercado fuerte. Sin embargo, para ser realmente efectivas, tienen que impulsar a los obreros a ponerse en marcha en tanto ciudadanos, más allá de lo que puede negociarse en el plano de la empresa privada.

Extraños compañeros de cama

Desde el principio, el capitalismo y la democracia han sido extraños compañeros de cama. La mayoría de las definiciones de la democracia implican cierto nivel de igualdad. Muchos de los primeros teóricos demócratas, como Jean-Jacques Rousseau y Thomas Jefferson, contemplaron una democracia basada en una república de minifundistas más o menos iguales, sin tener en cuenta la igualdad económica. Nunca se les ocurrió plantearse cómo funcionaría en una sociedad constituida por una pequeña minoría de inversores y patrones ricos y una amplia clase de no propietarios y empleados.

Los ciudadanos desiguales tienen recursos desiguales (dinero, tiempo, educación, inclinaciones) para poner en el ruedo de la toma de decisiones democrática. Si Bill Gates de Microsoft vale 51 mil millones de dólares, puede comprar mucha «democracia». En semejantes circunstancias, la democracia se erosiona. Lo mejor de la teoría democrática parte de que se necesita una igualdad mínima para que los ciudadanos puedan tener más o menos el mismo peso al moldear la vida política. Por otro lado, el capitalismo, con su énfasis en el «individualismo posesivo», valora por encima de todo el derecho a adquirir el máximo de propiedades y riquezas posible. Se considera que es una recompensa justa para el individuo que posee habilidades, ingeniosidad e iniciativa. Las riquezas y propiedades adquiridas así pueden legarse a la siguiente generación, que a su vez puede o no ser hábil e ingeniosa. Bajo el capitalismo, la herencia ha ido creando poco a poco una clase de ricos que controlan los recursos productivos de la sociedad (fábricas, propiedad inmobiliaria, capital, acceso a las materias primas y créditos).

Esta ventaja heredada es lo que hoy en día dicta en gran medida las posibilidades en la vida de la mayoría de nosotros. Si bien se ha dado alguna vez la historia tan bien promocionada del hombre o mujer que pasa de «los harapos a la riqueza», la mayoría de la gente es consciente de que es más fácil ganar la lotería que entrar a formar parte de la élite económica a fuerza de trabajar. La voluntad de la gente de admitir semejantes desigualdades es una prueba muda de que acepta con resignación el poder de la riqueza para incidir en los resultados supuestamente democráticos.

El poder de veto del capital

Los que tienen riquezas heredadas o de cualquier otro tipo están en una posición bastante ventajosa para influir en la dirección «democrática» de la sociedad, cosa que pueden hacer directa e indirectamente. La salud de la economía (y el bienestar de todos) depende de las decisiones para invertir que toman las personas que controlan el capital y la riqueza por medio de poderosas empresas transnacionales. Para seguir invirtiendo, necesitan «un buen clima comercial», lo que suele implicar inversiones rentables, un mercado laboral competitivo, estabilidad política, la ausencia de normativas onerosas (como las relativas a la seguridad laboral o los controles medioambientales) y una presión fiscal que no disuada a los inversores de «arriesgar» su dinero. Cuando no hay «un buen clima comercial», los inversores tienden a «declararse en huelga», lo que puede dar lugar a una recesión o incluso contribuir a una depresión. Cuando el gobierno socialista de François Mitterrand ganó las elecciones de Francia a principios de los años 1980 con promesas de una reforma igualitaria, las inversiones bajaron en picado, pasando de la tasa anual del 4,4 por ciento que había experimentado Francia entre 1965 y 1980 al −1,21 por ciento en los primeros tres años del gobierno socialista.

Otras estrategias de los inversores pueden consistir en transferir sus inversiones en sectores menos rentables de la economía a otros más rentables (como del acero o la informática) o bien transferir sus inversiones a otra parte del mundo sólo para beneficiarse de un mejor clima comercial o de una «jurisdicción de salarios más bajos», como Bangladesh o las zonas de libre comercio de México.

Democracia fuerte: las muchas caras de la democracia en el trabajo

Los experimentos para imponer una democracia en el lugar de trabajo varían en el Norte industrializado, desde los de pequeñas panaderías y tiendas de artesanos pertenecientes a comunidades hasta los de empresas industriales enteras dirigidas por sus propios trabajadores, a menudo como alternativa a la quiebra. En los países pobres del mundo no occidental, las empresas que se autogestionan a menudo son la única alternativa cuando no hay inversores privados dispuestos a exponerse a los riesgos y la escasa rentabilidad que hay en juego. Aunque estos intentos van y vienen, juntos señalan un esfuerzo persistente de la gente por controlar su destino económico y por aportar las semillas de una economía democrática futura. A continuación daremos unos cuantos ejemplos:

• La Cooperativa Chac Lol (que en maya significa «flor roja»), situada en cinco polvorientos poblados maya de la península del Yucatán, en el sur de México, produce tortillas de maíz, tiene cinco tortillerías que sirven comida caliente a los aldeanos y también varias tiendas, una granja de ovejas y cabras así como una fábrica de zapatos.

La principal autoridad de la cooperativa es la Asamblea General, donde todos los miembros pueden votar y su estructura está basada en la Cooperativa de Mondragón del País Vasco español. Esta cooperativa ofrece un sueldo a los que trabajan en ella y una independencia política y económica del PRI, el partido que hasta hace poco había gobernado en México durante varias décadas. Según Ester, una de las cooperativistas de Chac Lol, la cooperativa es un instrumento de liberación que les permite ser propietarios de sus propios medios de producción. Les ofrece mejores condiciones laborales y un nivel de vida más elevado, sobre todo a las mujeres.

Obviamente para algunas empresas (como las textiles o las de montaje electrónico) es más fácil que para otras sacar provecho al pasar a un régimen de inversión más favorable. Levi Strauss, el fabricante original de los vaqueros, por ejemplo, ha despedido a casi treinta mil trabajadores, casi todos sindicados, al trasladar sus fábricas al Sur, donde la mano de obra es más barata.

A veces una huelga de inversores no es sólo un reflejo económico sino un claro acto político, como ocurrió en Chile a principios de la década de 1970, cuando las comunidades empresariales chilenas e internacionales conspiraron para crear una situación de inestabilidad política, poniendo los cimientos para que la dictadura mi-

---

• En Japón los trabajadores de edad avanzada han empezado a crear empresas gestionadas por ellos mismos ante el colapso del sistema de empleo vitalicio del país y la dificultad que tienen para encontrar un empleo nuevo tras ser despedidos. Una de estas empresas, el Grupo de Servicios Ingenieros para Edificios, está formada por setenta trabajadores cuya edad media es de 66 años. Esta cooperativa de trabajadores, formada por antiguos electricistas y caldereros, ofrece un servicio de mantenimiento de edificios. En el año 2000 ingresó 1,3 millones de dólares. La mayoría de las cooperativas formadas por trabajadores de edad avanzada no se centran en los beneficios, sino en proporcionar un empleo estable con condiciones flexibles que satisfagan las necesidades especiales de los trabajadores de estas edades, permitiéndoles así llevar una vida equilibrada.

• En 1956 el sacerdote católico don José María Arizmendi fundó la red de Mondragón en el País Vasco español. Fue el inicio de lo que se convertiría en uno de los experimentos más significativos para implantar la democracia en el lugar de trabajo del mundo moderno. La fábrica original, llamada ULGOR, propiedad y gestionada por los trabajadores, tenía 24 miembros y fabricaba estufas de queroseno. En la actualidad, las cooperativas de Mondragón tienen más de 86 cooperativas de producción con una media de varios centenares de empleados cada una. También poseen quince cooperativas de construcción, varias de servicios, siete agrícolas, una red de cooperativas de consumidores con setenta y cinco mil miembros y su propio banco (Caja Laboral) con 132 sucursales. Con los años Mondragón también ha recibido su parte de críticas por sus compromisos con la eficacia gerencial y con las realidades de la competencia comercial capitalista. Pero aunque algunas de estas críticas puedan ser válidas, Mondragón sigue siendo uno de los pocos intentos importantes de organizar una cooperativa industrial y, como tal, puede dar muchas lecciones.

litar derribara el gobierno democrático de Salvador Allende. Semejantes «huelgas de inversores» claramente políticas son raras y generalmente innecesarias, ya que la mayoría de los políticos son dóciles y entienden las reglas del juego. Lo más habitual son las huelgas de inversores que sólo afectan a un sector de la economía, como la construcción de viviendas de alquiler por culpa de unas leyes de alquiler demasiado estrictas, o las inversiones en la prospección de gas o petróleo por culpa de las regalías o de unos impuestos demasiado elevados en el surtidor. La capacidad de las grandes industrias de hacer una especie de «subasta de inversores» para ver qué jurisdicción (municipalidad, provincia o estado nación) ofrece el mejor paquete de medidas políticas favorables a las corporaciones, limita gravemente el derecho de las comunidades a decidir las medidas políticas por sí mismas.

El apretón de la deuda

Otra manera indirecta en que el capital limita las posibilidades democráticas es a través de la deuda pública que tienen casi todos los estados nación y también los gobiernos locales. A la clase política le preocupa mucho ofender a los que llevan las riendas de la deuda (los principales bancos privados, el Fondo Monetario Internacional [FMI], el Banco Mundial, etc.). Un informe negativo del FMI o la revisión de una calificación por parte de una agencia calificadora de solvencia crediticia de Nueva York como Salomon Brothers o Goldman Sachs puede dar lugar a una restricción de créditos y poner en peligro el equilibrio económico. La deuda en el Sur ha alcanzado proporciones de consecuencias catastróficas. En 1997, su deuda exterior combinada había alcanzado los dos billones de dólares, lo que representa cuatrocientos dólares por cada hombre, mujer y niño, más de lo que ganan muchos al año.

A los grandes acreedores no suelen gustarles las políticas que implican que los pagos que han de recibir ocupen un segundo lugar frente al gasto público en sanidad o educación, por muy necesarios que sean estos servicios o por muy populares que sean con el electorado. Esa es una de las principales razones de las políticas de «ajuste estructural» que han asolado el Sur. Es muy contradictorio que el Norte pontifique sobre la falta de democracia en el Sur al tiempo que insiste en la imposición de medidas políticas que, por su propia naturaleza, son antidemocráticas y que a menudo deben aplicarse empleando tácticas propias de un estado policial. Recordemos las manifestaciones y los movimientos de protesta surgidos por la frustración con los recortes, subidas de precios y devaluaciones de la moneda propuestos por el FMI. Probablemente no haya un ejemplo contemporáneo más claro de la incompatibilidad entre la democracia y el «libre» mercado. Puede que haya otros medios para impedir la democracia (un ejército depredador, una élite estatal corrupta, autoridades religiosas arraigadas), pero acabar con la imposición externa y arbitraria de la política económica es un paso vital, si no necesariamente suficiente, hacia la democratización.

Pagar al que manda

La otra manera en que los ricos influyen en la dirección de las decisiones democráticas es mediante el empleo del dinero para obtener resultados favorables. Esta consecuencia directa del hecho de que «algunos son más iguales que otros» es más visible y, por lo tanto, más polémica que el veto indirecto (aunque tal vez no sea tan efectiva), ya que para muchos se trata sencillamente de «comprar» la democracia. Pero esto también es bastante complejo y ocurre de varias maneras. Los que tienen dinero pueden hacer donaciones a políticos y partidos (que en general, pero no siempre, son conservadores) para que puedan hacer campañas más ostentosas y eficaces. Más dinero significa más anuncios por televisión y en los demás sitios, significa una maquinaria más eficaz para la campaña, encuestadores mejor pagados, más solicitaciones de votos por teléfono, más grupos de análisis, mítines más espectaculares, los mejores diseñadores profesionales, asesores y expertos en comunicación. La lista es casi infinita y, en vista de que al parecer las últimas elecciones estadounidenses costaron a los candidatos mil millones de dólares, no para de crecer. La influencia corruptora del dinero en las campañas no es tan grande en los lugares donde los controles y límites al gasto son más estrictos que en Estados Unidos, pero aún así sigue desempeñando un importante papel en casi todas partes. Y ahora que los asesores políticos estadounidenses han empezado a extender su visión y sus habilidades hacia los mercados de «exportación», estos controles están siendo sometidos a una presión cada vez mayor.

En cuanto los políticos por fin son elegidos, los que pueden pagar a los grupos de presión bien relacionados y que saben cómo influir en el complejo proceso legislativo, son «más iguales» que todos los demás que simplemente se sientan ante los televisores y se preguntan adónde han ido a parar todos esos nuevos gastos en sanidad pública, o en los niños pobres o las leyes más duras de protección medioambiental.

En la mayoría de los casos, no nos referimos a algo tan burdo como el soborno directo (aunque, como siguen demostrando organizaciones como Transparency International, el soborno sigue siendo un grave problema en la antigua Unión Soviética y gran parte del Sur no industrializado). En China se calcula que hasta el ocho por ciento del producto nacional bruto pasa de los capitalistas extranjeros a las familias de la burocracia del partido que está en el poder para poder instalarse y funcionar en la economía recién liberalizada. Por supuesto, China no es una democracia, pero se dice que un proceso similar de comprar a funcionarios y políticos está teniendo lugar en la India como recompensa por los contratos de defensa. En las democracias del mundo industrial el soborno más bien tiene que ver con las oportunidades laborales al abandonar el cargo público.

Pero en general el proceso es más sutil. Consiste en mostrar a los legisladores compromisos sensatos y realistas que no irriten a las corporaciones. En suavizar una ley. En buscar la aceptación voluntaria más que la imposición directa del trabajo, de la seguridad del consumidor o las normativas medioambientales. En señalar lo desacompasada que está una regulación o cualquier otra intervención pública en comparación con lo que está ocurriendo en otras jurisdicciones más generosas con el mercado.

Dar forma al debate

Otra manera en que las corporaciones son «más iguales» en la democracia es mediante el uso de los recursos para dar forma a los debates públicos. Cada año se destinan cientos de millones de dólares a contratar onerosas empresas de relaciones públicas, como Ogilvy Worldwide, Burston-Marsteller y Hill and Knowlton, que son expertas en encontrar la mejor manera de transmitir un mensaje corporativo. El crecimiento de los ingresos en la industria de relaciones públicas alcanzó la friolera del 263 por ciento entre 1978 y 1988. Se gasta dinero en anuncios a favor de una disminución de los impuestos sobre los incrementos de patrimonio o para defender el derecho democrático de las tabacaleras a vender sus productos. También se puede gastar para influir a periodistas y otros creadores de opinión. A fin de lavarse la cara, las empresas mineras y petrolíferas pueden regalar equipos de educación medioambiental a instituciones educativas que andan cortas de dinero. En casi todas partes aparecen nombres y logos corporativos, como en los productos colocados a posta en las películas o la televisión, en las dedicatorias corporativas de los estadios deportivos o en las bibliotecas públicas locales. El omnipresente símbolo de Nike es un ejemplo clásico. En un momento en que el sector público anda escaso de recursos, no debería sorprendernos si vemos que nuestra biblioteca local recibe el nombre de la cadena de hamburguesas McDonald's. El mensaje corporativo amplificado por el uso generoso del dinero es de lejos el que más se oye en el ruedo democrático.

El capitalismo del bienestar social

El principal intento de reconciliar el capitalismo desenfrenado con los valores democráticos ha sido por medio de la evolución de un amplio Estado regulador y de bienestar social. El Estado del bienestar social restauró un atisbo de equilibrio entre las exigencias del capital para conseguir oportunidades de inversiones rentables y las necesidades de los demás. Empezando en la Gran Depresión y cogiendo carrerilla en el periodo de la Segunda Guerra Mundial y después, este gobierno híbrido intentó eliminar las peores desigualdades del sistema y evitar que las corporaciones abusaran de los ciudadanos. Poco a poco, empezó a surgir una suerte de consenso que no interfería demasiado con el dominio corporativo de la economía, sino que contrapesaba el poder corporativo en beneficio del público más general. Semejantes medidas políticas supervisaban un crecimiento sin precedentes basándose en el concepto de que el gasto gubernamental y las políticas nacionales de empleo podían contrarrestar o al menos suavizar los altibajos del ciclo empresarial. Pero cuando la Nueva Derecha accedió al poder en los años 1980, este consenso se vio seriamente mermado al ser sustituido por un programa keynesiano y la idea de que el Gobierno debía desarrollar una estrategia económica nacional. Una agenda de liberalización, recortes en las ayudas sociales y la reducción del sector público atravesó casi todas las fronteras. Los intentos democráticos de contrarrestar las injusticias del mercado cesaron por completo. Con la intensificación de la globalización en los años 1990 y las consiguientes políticas draconianas para imponer un ajuste estructural favorable al mercado en el Sur global, las injusticias de la riqueza alcanzaron cotas que no se habían visto desde los tiempos de los capitalistas sin escrúpulos de finales de los años 1890. Tal vez no nos sorprenda que el periodo comprendido entre los años 1890 y la Primera Guerra Mundial se identifique como la primera gran ola de globalización dirigida por corporaciones. Las consiguientes injusticias del poder (de entonces y ahora) han logrado atrofiar la promesa democrática.

De diversas maneras, tanto directas como indirectas, la profunda desigualdad tanto en la economía como en la sociedad está envenenando la poca democracia que nos queda. Los apuntalamientos de una democracia política formal se ven constantemente socavados por la desigualdad. Su aumento en el último par de décadas en el contexto de una vida económica global dominada por un par de centenares de grandes corporaciones y bancos transnacionales es mala señal para nuestro futuro democrático. Estas corporaciones se están engullendo constantemente entre ellas (Chemical Bank y Chase Manhatan, Bank of America y Security Pacific), dejando cada vez menos jugadores en la cumbre. En la actualidad dominan alrededor de dos tercios del comercio mundial. En términos exclusivamente económicos, los grandes jugadores corporativos pesan más que un número cada vez mayor de estados soberanos.

El perspicaz crítico social Christopher Lasch señala la casi imposibilidad de contener el efecto distorsionador de la riqueza en los resultados democráticos. Cree que «la dificultad de limitar la influencia de la riqueza sugiere que la propia riqueza tiene que ser limitada. Cuando el dinero habla, todos los demás están condenados a escuchar. Por eso una sociedad democrática no puede permitir una acumulación ilimitada.» Esto se está convirtiendo rápidamente en una cuestión de que o se democratiza la economía o una economía déspota acabará con los últimos vestigios de una democracia política significativa. Aunque nadie esté a punto de quitarnos el derecho a votar, cada vez importará menos si ejercemos ese derecho.

El juego de manos ideológico empleado para reconciliar el dominio del mercado con la democracia política es el concepto que relaciona una actividad del mercado sin trabas con la libertad económica. Se considera que ésta es la base de la libertad política. Desde luego fue un argumento poderoso al yuxtaponerlo a las deficiencias y carencias económicas del socialismo estatal déspota de la esfera soviética. Incluso tuvo resonancias para los críticos de las burocracias estatales corruptas en el Sur global y los que condenan el carácter arbitrario de las burocracias de los estados del bienestar en el Norte. Pero en la actualidad gran parte de esto ha pasado a la historia: incluso el socialismo autoritario de China y Vietnam se está adaptando al mercado como principal herramienta para organizar la vida económica. Han tenido mucho éxito, sobre todo en China, que ha experimentado un enorme crecimiento económico al tiempo que conserva el poder déspota del Partido. Esto es una prueba (si es que todavía se necesitaba una después de la sórdida historia de las asociaciones de las corporaciones con las distintas dictaduras militares del Sur) de que la libertad económica del mercado es perfectamente compatible con la ausencia de los derechos democráticos básicos en la esfera política, lo que debilita seriamente el argumento a favor de los análisis políticos y económicos liberales del «libre mercado». Los iconos actuales de esta verdad del siglo XVII, los filósofos económicos neoliberales Frederich Van Hayek y Milton Friedman y el conjunto entero del pensamiento de la Nueva Derecha que inspiran, se ven en apuros para explicar estas nuevas formas de despotismo del mercado. El concepto de que la libertad política y del mercado tienen que ir necesariamente juntas está siendo distorsionado por los hechos.

Libertad económica o democracia económica

Es un gran error referirse al capitalismo global del siglo XX como un ejemplo de libertad económica. Ésta es una economía global dominada por unos cuantos centenares de corporaciones y bancos transnacionales que controlan el destino de no sólo los miles de personas que trabajan para ellos, sino también de la mayoría de los estados nación que tienen que competir por sus favores. La mayoría son eclipsados y, por lo tanto, están intimidados por su poder económico. La libertad económica en la producción es para los que tienen acceso al capital y la tecnología. La libertad económica en el consumo es para una minoría de consumidores del mundo que pueden permitirse acceder a la cornucopia de productos de marca que se supone que representan la buena vida. Aunque ellos también tienen que pagar el precio de la inseguridad que da vivir bajo una montaña de deudas acumuladas por el consumo. Este concepto liberal de la libertad económica es un concepto muy individual, y su única dimensión social está en la esperanza cada vez más débil de que la mano invisible del mercado aproveche los vicios privados para generar un bien público general y a largo plazo. Semejante posibilidad se está volviendo cada vez menos defendible a medida que las desigualdades sociales alcanzan proporciones escandalosas, el ecosistema global cruje bajo el peso del crecimiento dirigido por el mercado y sin control alguno, y la promesa democrática se convierte en una cáscara vacía.

La libertad económica no es lo mismo que la democracia económica. La democracia económica no implica una serie de derechos corporativos o individuales libres de trabas, sino un proceso colectivo para controlar la vida económica. Ya lo han intentado una gran cantidad de experiencias y teorías. Y aunque los movimientos para democratizar la vida económica sólo han logrado resultados parciales y limitados, eso se debe en gran medida a un contexto inhóspito y a la fuerza y determinación de los enemigos de la democracia económica: los que ostentan el poder corporativo y dominan la economía mundial.

Los debates entre los partidarios de la democracia económica tienden a girar en torno al papel del mercado. La cuestión básica tiene que ver con si se puede conseguir que el mercado sirva a una economía democrática o si es inevitable que la socave.

En la actualidad existen varias tendencias en la lucha a favor de una democracia económica:

El socialismo estatal

En su día fue la principal alternativa al capitalismo de mercado. La teoría marxista clásica modificada por Lenin sostenía que la planificación central bajo una élite científica que actuara por medio de la «dictadura del proletariado» reordenaría la economía en beneficio de la sociedad más general. Así era la economía comunista clásica de toda Europa del Este, la antigua Unión Soviética y el comunismo asiático. Aunque esta planificación muy centralizada fue útil en las primeras fases de la industrialización (a un elevado coste tanto para los derechos humanos como de los trabajadores), enseguida perdió ímpetu y empezaron a surgir grandes problemas económicos. La escasez, corrupción, incompetencia, el despilfarro y un historial medioambiental crónicamente triste asediaron el socialismo estatal. No había ningún mecanismo de respuesta eficaz procedente de las bases para expresar los deseos económicos de la sociedad. Tampoco la promesa de democratizar la economía llegó a gran cosa mientras los burócratas encargados de la producción y la planificación se anquilosaban y formaban un estrato más o menos permanente. No hubo un verdadero intento de sustituir incluso los mecanismos más reducidos de respuesta del mercado por formas más democráticas que pudieran expresar los deseos de productores y consumidores.

El Estado regulador

Según la teoría política pluralista clásica, es la solución presentada para «contrarrestar» el peso de los que dominan el mercado. Lo que se pretende es que el Gobierno proteja los intereses de la sociedad (por ejemplo, proporcionando bienes públicos como la sanidad y el transporte, protegiendo a los consumidores, trabajadores y el medioambiente, legislando las desigualdades, etc.). Semejante Estado se sometería a la influencia de toda la gama de opiniones (expertos en medioambiente, sindicatos, asociaciones de consumidores) que asegurarían un nivel adecuado de normativas destinadas a encauzar las fuerzas del mercado y a responder a un interés público general. Pero, como hemos visto en la práctica, ésta es una contienda entre desiguales donde el peso conjunto de las corporaciones, junto con todos sus recursos, asfixian las visiones y posibilidades alternativas. Incluso teóricos clásicos del pluralismo como Robert Dahl han llegado a reconocer que estas desigualdades de poder amenazan los cimientos de la lucha democrática. El Estado regulador también ha adoptado un estilo verticalista muy jerárquico que ha ahuyentado a la opinión pública. Se han dado pocos intentos sistemáticos de democratizar el Gobierno e involucrar a una ciudadanía activa para que ayude a supervisar los resultados desiguales y poco ecológicos del mercado. Para empeorar las cosas, los políticos conservadores han exagerado y se han aprovechado de esta hostilidad popular hacia un Estado arbitrario y burocrático. La resultante ofensiva neoliberal ha sido empleada para ayudar a reducir el campo de acción del Gobierno, aumentando las desigualdades y poniendo en peligro el medioambiente y la salud pública.

El socialismo de mercado

Esta teoría es una modificación de la doctrina socialista propugnada por economistas de izquierdas, como Oskar Lange, W. Brus y Alec Nove, que reaccionaron ante los fracasos de la economía dirigida del socialismo estatal. En su estudio de 1983 *The Economics of Feasible Socialism*, Nove presenta la teoría de una manera muy persuasiva. Según esta adaptación básica de la doctrina socialista, si bien la mayor parte de la propiedad productiva (las fábricas, los recursos naturales, el acceso a créditos) debería socializarse o pertenecer a cooperativas, el mercado sigue siendo el mejor medio para decidir cuestiones como los precios, el movimiento de la mano de obra y la mayoría de las decisiones para invertir. Lo que se pretende es combinar la eficacia del mercado con la democratización de las unidades productivas para que ningún monopolio privado desplace el interés público. Cuando las decisiones para invertir conllevan factores externos importantes (por ejemplo, los efectos en el medioambiente), intervendría un sistema democráticamente responsable de planificación central. Algunos sectores como la sanidad y la educación estarían exentos de los criterios aplicados al mercado. Los «socialistas de mercado» prevén un máximo de consultas democráticas (discrepan sobre las posibilidades de que los obreros se autogestionen) en fábricas y oficinas, venciendo así la pasividad de la mano de obra salarial y resaltando la ciudadanía activa. Tendría que haber un Estado regulador para echar los cimientos de la economía, logrando amplios acuerdos sobre la política de rentas y los impuestos, y asegurándose (en ausencia de la influencia corruptora de una élite corporativa) de que el mercado siga atendiendo los objetivos sociales.

La planificación desde abajo

La planificación desde abajo es una estrategia para democratizar la economía que está más de acuerdo con la visión socialista clásica. Atribuye un papel menor al mercado y defiende un sistema que coordine democráticamente la vida económica. Hay muchas versiones de esta teoría, desde visiones radicales de una sociedad bastante descentralizada que ha abolido el dinero hasta sistemas muy complejos para dirigir economías industriales avanzadas. Algunos, como el famoso defensor de la descentralización, E. F. Schumacher y sus partidarios, creen que la clave está en que la comunidad local ejerza un control democrático de la inversión y el desarrollo.

El experto británico en economía política Pat Devine presenta en su *Democracy and Economic Planning* un modelo basado en lo que llama «coordinación gestionada». Habla de un sistema que combinaría la descentralización de decisiones con el desarrollo de nuevos organismos democráticos como «secciones de interés» y «comisiones de planificación responsable» a todos los niveles de la comunidad. Los empleados se autogestionarían en las empresas. Los defensores de la planificación como Devine creen que el socialismo de mercado depende demasiado de intereses que compiten entre sí e impiden el surgimiento de una auténtica sociedad autogestora y de una economía organizada en torno a los objetivos decididos democráticamente por los seres humanos. Devine identifica el alto nivel de gestión y administración que ya forman parte de las economías modernas como una desviación inevitable de un «mercado puro». Cree que si se democratizaran bien, podrían actuar como base de una «coordinación gestionada» de una economía planificada desde abajo. Hace especial hincapié en el logro de la igualdad y de una influencia igualitaria a fin de crear las actitudes necesarias para conseguir una auténtica sociedad autogestora.

El mercado socializado

Esta propuesta para democratizar la vida económica está muy vinculada a la economista del Reino Unido Diane Elson. Ella y otros defensores del «mercado socializado» creen que una estrategia que dirija los resultados del mercado hacia objetivos sociales permitirá la intervención democrática de maneras que asegurarían un mayor control popular. Elson propone una extensión espectacular de los derechos de la propiedad compartida sobre la inversión que se aplicarían a través de un sistema de regulación participativa para imponer criterios sociales y ecológicos a todas las principales decisiones de inversión. Cree que las semillas de esta idea ya existen en una serie de iniciativas de responsabilidad corporativa que tienen que ver con cuestiones como la contratación de minorías, la mano de obra infantil, las condiciones laborales y el impacto medioambiental. El «mercado socializado» incluiría unos ingresos básicos para todos, y el fortalecimiento de esos mercados (que Elson llama «asociativos» y «abastecedores») descentralizaría el poder y promocionaría los valores de solidaridad. Los defensores del mercado socializado creen que es necesario ir más allá de un debate estéril entre «mercado» y «planificación». Elson concluye que «mi visión no es una sociedad de "mercado", pero tampoco una sociedad "burocrática"; es una sociedad donde las agencias estatales democráticamente responsables estructuran los mercados a fin de dar una mayor oportunidad a los individuos y a las asociaciones para que puedan prosperar.»

El debate de la economía democrática

Los debates entre las distintas posturas sobre la mejor manera de democratizar la economía tienden a girar en torno al diferente peso que se da a la planificación y al mercado. Mientras que la postura del «mercado socializado» representaba la idea de que había que ir más allá de este debate, sólo lo hace contemplando la planificación y el mercado de diferentes maneras: no prescinde de ellos. La pregunta fundamental es si se pueden moldear las relaciones en el mercado para reflejar una amplia gama de intereses o si estas relaciones sirven inevitablemente a los que consiguen estar al mando del poder monopolista y autoritario del mercado (como sucede en una economía dominada por las corporaciones). Una pregunta complementaria tiene que ver con si las transacciones en el mercado generarán inevitablemente desigualdades, y también si se puede conseguir que tengan en cuenta el uso de los recursos naturales y el impacto de la contaminación.

Otra cuestión gira en torno a si se puede conseguir que el Estado regulador refleje un interés público coherente, en lugar de reflejar de manera injusta los intereses de los que ostentan el poder del mercado como ocurre ahora. Los defensores de la «democracia por medio de la planificación» también tienen una serie de cuestiones por resolver. ¿Hasta qué punto se puede democratizar la planificación de una economía muy compleja? ¿Cómo se pueden conciliar la participación pública y la pericia técnica necesaria para dirigir una economía moderna? ¿Cómo se puede inspirar a una población activa y a comunidades con poca experiencia (e incluso con poco interés) en dirigir la economía, la confianza y la motivación necesarias para poder hacerlo? ¿Cómo se pueden desarrollar las instituciones democráticas para asegurar un equilibrio entre las necesidades de los consumidores, de los productores y todos los demás intereses (el medioambiente, sanidad)? Si el mercado corre peligro de generar desigualdades, también hay el peligro de que la planificación degenere para convertirse en una postura verticalista y autoritaria, lo que minaría la participación popular y las posibilidades democráticas.

Estos debates son muy fructíferos y emocionantes. Comparten el punto de partida de que sin una profunda democratización de la vida económica, incluso el nivel mínimo de democracia política de que disfrutamos ahora se verá debilitado. La democracia nunca está quieta: o se amplía o se retrae. Es evidente que la actual organización antidemocrática de la economía debilita inevitablemente la igualdad necesaria para sostener una democracia política.

Para casi todos los defensores de la democratización económica, el papel de la democracia en el trabajo es fundamental. La dictadura que la mayoría de las personas viven en su trabajo debilita la confianza democrática de la población. Algunos defensores de la democracia económica temen que con una autogestión absoluta, los trabajadores tomen las mismas decisiones estrechas de miras y orientadas hacia la obtención de beneficios que las corporaciones privadas. Quieren equilibrar el poder de las unidades económicas autogestionadas con el de los consumidores y demás que podrían paliar las deficiencias de las decisiones particulares para invertir. Sin embargo, es evidente que una participación mucho mayor de los trabajadores en las decisiones para las inversiones y relativas a la producción, así como la autogestión de los ritmos y condiciones de trabajo (horarios, turnos, vacaciones, salarios, pausas, etc.), son cruciales en cualquier economía democrática.

Disciplinar la democracia

En su excelente estudio *Radical Democracy*, Douglas Lummis establece un paralelismo entre el papel desempeñado por los militares en la restricción de la democracia y el de la economía contemporánea. Fue el prusiano Wilhelm Von Merchel quien declaró que «el único remedio para los demócratas es los soldados.» Y a lo largo de la historia de la lucha democrática, desde la Roma republicana hasta el Chile de Pinochet, las pilas de cadáveres de demócratas son muy altas. Pero, según Lummis, hoy en día lo que limita la democracia es la economía: «la vida cotidiana es la economía, el mismísimo sistema de control [...] captado en la ominosa expresión "todo sigue igual" [...] la democracia no puede estar satisfecha con una política definida como una actividad de ocio excluida del centro de la vida (la economía) para convertirla en algún que otro resto de "superávit". El proyecto democrático no habrá acabado hasta que se haya logrado democratizar el trabajo.»

Una economía democrática requiere un alto grado de descentralización a fin de que la población y las comunidades locales tengan poder para controlar su destino económico. Para algunos, eso significa un alto nivel de independencia (incluso de autarquía), mientras que otros creen que se puede combinar la descentralización con sistemas de comercio equitativo.

Las distintas estrategias para conseguir una democracia económica no son simples castillos en el aire. Pueden verse en el sector cooperativo que hay en la mayoría de las economías. En los intentos de desarrollar un comercio justo entre los consumidores del Norte y los productores del Sur. En las luchas de los obreros para tener más voz en su lugar de trabajo. En los numerosos intentos para descentralizar y democratizar el socialismo estatal. En el reto democrático a los criterios para invertir basados en el mercado planteado por los movimientos para controlar los fondos de pensiones de los obreros u otras formas de inversiones éticas y socialmente responsables. Todos estos esfuerzos transmiten cierta sensación de que hay algo que no funciona bien. No forman parte de una estrategia general para democratizar la vida económica. Y estos intentos a menudo parecen ser «un paso hacia adelante, dos hacia atrás», dado el clima hostil en el que deben luchar para sobrevivir. Pero no desaparecen, sino que van surgiendo continuamente de muchas maneras distintas. Son una prueba del deseo y, de hecho, de la necesidad de la gente de controlar su destino económico: no sólo como empresarios y consumidores atomizados, sino en un sentido social y colectivo.

En la actualidad, la situación de nuestra reducida democracia es una situación en que la clase política que dirige la economía recibe consejos y está en deuda con los intereses de los que han conseguido acumular un poder significativo en el mercado. En una verdadera democracia, las tareas y prioridades de la gestión económica se basarían en los consejos y las deudas establecidas con los intereses de la sociedad más amplia. Sea cual sea la mezcla entre el mercado, la planificación, el mercado socializado, la autogestión de los obreros, la descentralización, el comercio justo y la inversión ética necesaria para conseguirlo, hay que llevarla a la práctica y recurrir a la experimentación creativa. El emocionante debate sobre cómo debería ser una economía democrática sólo puede estimular este proceso. El destino de nuestra parcial y frágil democracia política depende del equilibrio. Sólo una verdadera democracia económica nos permitirá profundizar en ella y fortalecerla.

Sólo en una economía que está en deuda con los intereses de toda la sociedad podemos esperar acabar con lo que el teórico social francés André Gorz llama el dominio de la razón económica. Este tipo de racionalidad económica que lo abarca todo y expresada por medio del mercado no regulado anula la posibilidad de una economía basada en un objetivo humano premeditado. «El propio mercado no es el objetivo de ninguno de los actores que se enfrentan entre ellos; es el espacio que surge a partir de su enfrentamiento, igual que el "tráfico" es el resultado de todos los que conducen sus coches en un momento dado y circulan [...] a una velocidad media impuesta por todos los demás conductores, sin que ninguno de ellos la haya elegido.» En estos momentos, esta racionalidad económica (una racionalidad carente de razón, según Gorz) está creando un mundo de mano de obra obligatoria que produce demasiado, explota demasiados recursos, distribuye sus recompensas injustamente y pone en peligro el ecosistema global del que dependemos para sobrevivir. Sólo una democracia económica viable tiene la posibilidad de volver a encauzar la economía para servir un propósito humano sano, en que la gente controle el capital, en lugar de que el capital nos controle a nosotros.

Capítulo 5
Más allá del estado nación

«Tal vez la mejor manera de ver la idea democrática sea como una aspiración utópica [...] necesitamos estas aspiraciones si hemos de resistir el concepto –que se ha vuelto posible por la aparente inevitabilidad de la globalización– de que la democracia, la autodeterminación y el bien común son ideas que han pasado a la historia.»
Steven Newman
en *Globalization and democracy*

La globalización y la política de la influencia practicada por las principales potencias mundiales limitan constantemente la soberanía popular. Impiden que los cargos electos tomen decisiones o al menos les dan la excusa para no actuar. Este capítulo analiza los distintos intentos de llevar la democracia más allá del estado nación: desde las estructuras de gobiernos regionales hasta la evolución de una sociedad civil internacional y de una democracia cosmopolita.

La democracia suele relacionarse con el estado nación. El modelo democrático liberal de una democracia débil basada en el individualismo posesivo surgió en los siglos XVII y XVIII, no mucho después de que se consolidaran los estados nación de Europa y Norteamérica. Aunque la democracia tiene significados más amplios y profundos, para la mayoría de la gente su asociación con un sistema para gobernar dentro de un contexto de soberanía nacional convierte al estado nación en el principal emplazamiento de la democracia (o de su ausencia). Solemos decir que un estado es democrático o no, o bien que tiene buenos o malos antecedentes en lo que se refiere a los derechos democráticos.

Pero la soberanía siempre ha sido limitada en el sistema internacional de relaciones entre Estados que están fuera del control de, incluso los demócratas más comprometidos. La diferencia entre Estados Unidos o China y Gabón o Trinidad cuando se trata de ejercer sus soberanías nacionales respectivas sin duda es muy grande. Su margen de maniobra para satisfacer las necesidades de sus ciudadanos varía de una manera espectacular. Si hay un conflicto entre ellas nunca es realmente una contienda entre iguales. Si, por ejemplo, hay un choque de intereses entre una empresa petrolífera con sede en Estados Unidos y una comunidad indígena en un rincón remoto de Ecuador, la capacidad del Gobierno ecuatoriano para proteger a sus ciudadanos (suponiendo que deseara hacerlo) está limitada por su relación más general con Estados Unidos. La sórdida historia de la diplomacia de cañón que se remonta a varios siglos –desde las matanzas de los aztecas por Cortés en México hasta los cohetes disparados por los aviones estadounidenses a Irak– es prueba suficiente de que el principio de que «el poder da la razón» perdura en las relaciones internacionales.

En circunstancias normales, los poderosos suelen emplear una diplomacia e influencias políticas más sutiles para conseguir que los menos poderosos accedan a sus deseos. La aceleración del ritmo de la globalización y el mayor número de acuerdos comerciales basados en normativas e impuestos por la Organización Mundial del Comercio y los acuerdos regionales como el Área de Libre Comercio de las Américas, limitan la soberanía de los estados nación, sobre todo en el ámbito económico. En las últimas décadas, se ha reducido la capacidad de la mayoría de los estados nación para moldear sus políticas internas, en especial las económicas. El impulso básico de la globalización priva a los gobiernos de la capacidad de proteger a su propia población de los estragos de la competencia internacional. La economista Marjorie Cohen concluye que los «acuerdos comerciales internacionales crean el impulso para que proliferen estados minimalistas cuya principal función para el régimen internacional será controlar a su propia gente para que acaten las reglas del comercio internacional.» La agenda de la globalización lleva implícita una suerte de «democracia reducida», donde las mayorías democráticas sólo pueden proteger su calidad de vida dentro de los límites impuestos por una serie de normas para el comercio y la inversión inspiradas por las corporaciones. Esto tiene repercusiones obvias en los tipos de democracias que pueden existir.

Derribar la democracia

Los tipos de políticas que existen hoy en día en el mundo industrial (y en partes significativas del Sur) surgieron por medio de algún tipo de proceso democrático, por muy imperfecto que fuera. Cualquier cambio en estas políticas solía requerir un debate público y a menudo una acción legislativa por parte de algún tipo de asamblea electa. Cohen, haciéndose eco de las ideas de un creciente número de críticos de la globalización económica, señala: «Ahora, se puede desafiar la política económica a través del derecho mercantil internacional. Se trata de leyes interpretadas e impuestas por personas de una plétora de comisiones internacionales que no han sido elegidas y que no tienen que dar cuentas a nadie, ya que los individuos de un país concreto no tienen acceso a ellos.» En otras palabras, muchas de las normas que regulan la vida económica (e, implícitamente, la vida política) están fuera del alcance democrático de la mayoría de los ciudadanos.

Puede que eso no importe demasiado a los que creen que el mercado descontrolado es la mejor manera de organizar la vida económica. Pero para los grupos que buscan más igualdad en todo, desde la distribución de los ingresos hasta el desarrollo regional, es una buena manera de atarles las manos. También pone obstáculos importantes en el camino de los que valoran más la integridad medioambiental o la salud y la seguridad de los trabajadores que el intento de maximizar los beneficios sobre el que se basa la agenda de la liberalización.

El escaso poder del estado nación se ha convertido en una importante fuente de preocupación para los pensadores políticos de todas las tendencias. Para algunos, proporciona una estabilidad muy deseada y una disciplina económica útil para los políticos díscolos. Para otros, es una importante violación de las prerrogativas democráticas de la ciudadanía desde Bangkok hasta Berlín. Pero esto no es un simple tema de debate político en las conferencias eruditas y en las revistas académicas serias, sino que es algo que tiene un verdadero impacto en las vidas de las personas y que ha producido lo que puede ser el estallido democrático más profundo desde los años 1960.

El movimiento antiglobalización

Empezó en el Sur y se ha propagado rápidamente hasta el punto de que los responsables de la liberalización están recibiendo retos constantemente. Tal vez el primer indicio claro se remonta a octubre de 1983, cuando medio millón de campesinos indios protagonizaron una concentración de un día en Bangalore para protestar por las propuestas de liberalizar la producción agrícola. Después vino la rebelión zapatista de Chiapas el 1 de enero de 1994 que sacudió México y puso en tela de juicio el recientemente firmado Tratado de Libre Comercio de América del Norte (TLCAN). Según los zapatistas, el acuerdo era «el certificado de defunción de los pueblos indígenas de México». El estallido democrático contra la liberalización comercial se extendió como un reguero de pólvora: se sucedieron cientos de protestas y manifestaciones callejeras, de peticiones y conferencias, de disturbios en que los manifestantes tiraron comida y campañas, una tras otra. Las redes de activistas, tanto del Sur como del Norte, compartieron tácticas y visiones estratégicas. Pronto el programa entero de liberalización comercial se había vuelto muy polémico. Las revueltas se extendieron del Sur hacia el Norte, culminando en las manifestaciones masivas contra la Organización Mundial del Comercio en

Seattle que hicieron fracasar las negociaciones para llegar a un nuevo acuerdo comercial global. En la actualidad las manifestaciones callejeras y las contra conferencias se han convertido en la norma que acompaña cada reunión importante que intenta hacer avanzar la agenda de liberalización económica. La idea que subyace a esta resistencia es la creencia de que la agenda de la liberalización pasa por alto el proceso democrático. Priva a los ciudadanos del derecho de representación, arrebatándoles las opciones democráticas a fin de adaptarse a un régimen de normativas para el comercio y la inversión diseñadas para proteger las prerrogativas de las corporaciones transnacionales. Debido a este proceso, el medioambiente, los derechos de las minorías y de los trabajadores, la igualdad económica y social, el desarrollo regional equilibrado, el suministro de servicios públicos nuevos y la posición del pequeño campesino están todos en juego.

El debate en el movimiento antiglobalización

Un debate clave entre los que critican esta usurpación de la democracia trata de cuál es la mejor manera de enfrentarse a la ofensiva de la globalización. Existen dos posturas frente al camino a seguir. Una insiste en la necesidad de estructuras propias de un gobierno democrático y de una sociedad civil internacional más allá del tradicional estado nación. La otra defiende la reafirmación y la posible ampliación de los poderes tradicionales del estado nación. Sostiene que el estado nación es el mejor emplazamiento para que surjan las decisiones democráticas y que las disposiciones democráticas se organizan mejor y sólo pueden funcionar de verdad a nivel nacional. Los defensores de esta postura suelen pensar que la mayoría de las instituciones multilaterales –desde el Fondo Monetario Internacional hasta Naciones Unidas o el Tribunal Internacional de La Haya– tienen una tendencia inherente a dejarse absorber por los intereses de los poderosos. Los bancos y las corporaciones transnacionales de *Fortune 500* o las superpotencias como Estados Unidos simplemente están mejor equipados para jugar al juego internacional. Las pruebas de ello son bastante evidentes. En general las instituciones de gestión económica global se han comprometido de manera sistemática con lo que se conoce como el «Consenso de Washington». Se trata de una creencia fundamental de que las relaciones del mercado deberían guiar las decisiones económicas y de que habría que desalentar al máximo la intervención gubernamental. Las inversiones en el sector público, los subsidios para que no suban los precios o para mantener a flote a los pequeños campesinos, las estrategias industriales diseñadas para superar las disparidades regionales o el aumento del salario mínimo constituyen todas políticas contrarias al Consenso de Washington. Poco importa si son enormemente populares entre el electorado. El enorme peso del Banco Mundial, el Fondo Monetario Internacional y la Organización Mundial del Comercio seguirá presionando sutilmente (y no tan sutilmente) para desalentar semejantes políticas.

Las Naciones Unidas

Y no es sólo en el ámbito económico donde se ejerce una evidente política del poder. Las Naciones Unidas, una organización que se supone que está por encima de la política del poder y que aspira a valores internacionales elevados, ha sido acosada por el dominio de las superpotencias. Las naciones más poderosas del mundo (Estados Unidos, Rusia, China, Francia y el Reino Unido) son miembros permanentes del Consejo de Seguridad (con poder de veto en todas las resoluciones) de las Naciones Unidas. Como miembros del Consejo, pueden ejercer una influencia que va más allá del peso de sus respectivas poblaciones. El Sur global, por otro lado, tiene muy poco poder en todo el sistema de la ONU. En la Guerra Fría, Estados Unidos mostró una actitud especialmente despectiva hacia la organización, tachándola de «bastión del Tercer Mundo y centro de la grandilocuencia socialista.» Los políticos estadounidenses sabían que siempre podían ganar puntos en casa atacando el derroche de la ONU y el supuesto antiamericanismo que se decía que imperaba.

Al acabar la Guerra Fría, sin embargo, la ONU empezó a ser útil para las sucesivas administraciones estadounidenses deseosas de supervisar acciones en diversos puntos conflictivos de todo el mundo. Los criterios para una intervención tenían más que ver con los intereses estratégicos estadounidenses que con la intensidad del genocidio o el número de refugiados. Se dejó arder Bosnia o Ruanda, pero el caso de Kuwait, con todo su petróleo, fue muy distinto. La Guerra del Golfo fue el primer ejemplo de cómo se cubrió una intervención militar dirigida de un modo bastante flagrante por Estados Unidos con el manto del multilateralismo de la ONU. Las bombas empezaron a caer antes de que la ONU siquiera aprobara la resolución. Aunque tampoco se puede decir que Washington se esfuerce por disimular sus cínicas manipulaciones de la ONU. Como dijo John Bolton, subsecretario del Departamento de Estado y responsable de las relaciones con la ONU cuando estalló la Guerra del Golfo: «El éxito de las Naciones Unidas en la Guerra del Golfo no fue porque de pronto las Naciones Unidas se hubieran vuelto exitosas. Fue porque Estados Unidos, por mediación del presidente Bush, demostró en qué consiste realmente el liderazgo internacional, la creación de una coalición internacional, la diplomacia internacional [...] Cuando Estados Unidos dirija, las Naciones Unidas lo seguirán. Cuando convenga a nuestros intereses actuar así, actuaremos así. Cuando no convenga a nuestros intereses, no lo haremos.» Más franco, imposible.

La justicia del ganador

Incluso el tribunal internacional de justicia de La Haya ha sido acusado (con parte de razón, pero también con mucha hipocresía por parte de los que intentan desviar la atención de sus propios crímenes) de administrar una «justicia del ganador» al juzgar los crímenes de guerra. Nunca se plantearía siquiera si los responsables de las decisiones de los bombardeos, por muy graves que fueran los «daños colaterales» (o número de muertos civiles), deberían ser acusados. Así que los defensores de la reforma democrática que recelan de los intentos de crear un contrapeso en las instituciones internacionales para equilibrar el estado nación arbitrario, así como el poder de la globalización corporativa tienen pruebas de sobra para respaldar sus creencias. El politólogo del Reino Unido Timothy Brennan lo expresa de modo sucinto: «Debemos tener mucho cuidado al contemplar cualquier cosmópolis que pasaría por encima de los estados nación existentes en nombre del pueblo: en ese terreno imaginario ya se han consolidado demasiados intereses muy poderosos.» Cree que «en un sistema mundial en que hay enormes disparidades de poder nacional, las estructuras que dan una oportunidad a las poblaciones autóctonas o locales para trazar un límite entre lo que les pertenece y lo que está más allá, entre lo que está expuesto al mundo exterior y lo que está resguardado [son vitales].» Brennan y otros defensores de una soberanía nacional reactivada creen que a pesar del historial general de estados nación cómplices de la globalización, éstos siguen representando la única y mejor esperanza para que la gente haga valer sus derechos democráticos.

Problemas internacionales

La mayoría de los defensores de una democracia cosmopolita (el término es del teórico político británico David Held) reconocen estos obstáculos para extender la democracia, pero simplemente creen que no hay otra opción. Parte de su análisis se deriva de una desconfianza pertinaz en las credenciales democráticas del estado nación. Cuando los estados nación son democráticos, suelen ser un modelo de democracia débil con una clase política bien protegida de la presión popular dominante. Su incompetencia se ve exacerbada por el creciente número de problemas –refugiados, contaminación tóxica, tráfico de armas, especulación financiera internacional y comercio ilegal, calentamiento global, evasión fiscal, el peso de la deuda de los países pobres, una serie de problemas de salud pública y modelos cambiantes de producción– que están fuera de los límites de un estado nación concreto. Los demócratas cosmopolitas han dado una nueva contundencia a la sencilla crítica de que el estado nación es «demasiado grande para los problemas pequeños, y demasiado pequeño para los problemas grandes.»

Ni siquiera críticos de la ONU como Phyllis Bennis creen que el mundo podría prescindir de la organización: «Por muchas imperfecciones que tenga la ONU de mediados de la década de 1990,

Estados Unidos debería sentirse presionado para apoyarla económica y políticamente, y no incumplir en el pago de los millones debidos ni destruir agencias que critican o incluso discrepan de su postura. La sociedad civil debería exigir la defensa de la organización global, por la sencilla razón de que no hay nada más que dé una voz multilateral a la mayoría de los países del mundo y, a veces, aunque raramente, a los pueblos del mundo.»

Bennis considera que el camino para extender la democracia por la esfera internacional pasa justo por el sistema de la ONU: «La democracia en la ONU significa conferir nuevos poderes a la Asamblea General de la organización, luchar por una representación más amplia en el Consejo de Seguridad y dar menos poder a los miembros permanentes con poder de veto. Significa exigir que la ONU recupere su derecho a supervisar –y a anular– las decisiones de las Organizaciones de Bretton Woods, para que no sólo los países ricos impongan la política macroeconómica global.»

Aunque Bennis contemple la ONU, hay una miríada de planes distintos para extender la democracia más allá del estado nación, desde el tradicional Federalismo Mundial hasta las ideas panafricanas y panárabes. Se ha renovado el interés por el panafricanismo en particular debido a lo mal que encaja la imposición colonial de la forma del estado nación con la rica diversidad y geografía del continente. África ha estado asolada por movimientos secesionistas, un historial pobre de derechos de las minorías, numerosos conflictos por el trazado de las fronteras y una fuerte tendencia hacia el autoritarismo y los golpes militares. Los que han pagado las consecuencias de todo ello han sido los miembros de los sectores más frágiles y pobres del Sur global. No es de extrañar que haya un creciente interés por las distintas formas políticas de la democracia africana. La nueva Unión Africana tal vez sea la primera señal del interés en las iniciativas panafricanas desde la formación de la Organización de Unidad Africana.

El modelo europeo

El modelo más desarrollado de una democracia regional es el que representa la integración europea. A diferencia de otros movimientos de integración como el Área de Libre Comercio de las Américas (ALCA) y la Conferencia Económica Asia-Pacífico (CEAP), los europeos han ido más allá de la liberalización económica para intentar equilibrar lo económico con instituciones políticas representativas y extender los derechos del ciudadano de a pie. Europa tiene un parlamento electo (elegido por representación proporcional) en Estrasburgo, con bastante poder, tribunales cuyas decisiones sobre cuestiones relacionadas con los derechos humanos y el medioambiente son algo más que simples advertencias, mecanismos para hacer frente al reconocimiento cultural y las disparidades regionales, y un «estatuto social» que al menos empieza a plantear cuestiones como la pobreza y la igualdad. La integración europea permite el libre movimiento de la mano de obra mientras que el ALCA y la CEAP sólo contemplan el libre movimiento del capital y el comercio. Desde luego, no ha sido todo coser y cantar. Ha habido una tendencia hacia un exceso de burocracia y hacia la corrupción, sobre todo en la sede administrativa de la UE en Bruselas, lo que ha empañado el joven experimento europeo. Y aunque los derechos sociales consagrados en Europa son un comienzo, todavía no son lo suficientemente sólidos para contrarrestar los poderes conferidos a los inversores transnacionales con motivo de la liberalización económica.

Aun así, la nueva Europa sigue representando la mayor esperanza para las nacionalidades y regiones cómodamente instaladas en los estados nación existentes –los catalanes y vascos en España; los bretones, vascos y corsos en Francia, o los escoceses, irlandeses y galeses en el Reino Unido– que desean una mayor autonomía y autodeterminación.

La democracia cosmopolita

Un ambicioso plan para extender la democracia más allá del estado nación es el desarrollado por el teórico político David Held. En el «modelo cosmopolita de la democracia» de Held se extendería la responsabilidad al creciente número de centros de poder y redes que en estos momentos eluden la jurisdicción del estado nación en la economía globalizadora. Es un abordaje en capas que requiere instituciones deliberativas a todos los niveles y una renovación de la participación de los ciudadanos como tónico muy necesario para la cultura política democrática. Held cree que el punto de partida y el ímpetu para conseguirlo estaría en una sociedad civil internacional, y hace mucho hincapié en un mayor desarrollo y aplicación de regulaciones y de una ley internacional para controlar el uso arbitrario del poder extranacional. Defiende un principio de autodeterminación a todos los niveles, con organismos deliberativos y representativos globales, regionales, nacionales y locales. Ve claramente que el principio básico es la regulación económica a fin de conseguir más resultados basados en la igualdad, lo que es muy distinto de la agenda de liberalización económica de «dejarlo todo en manos del mercado». Algunas de estas iniciativas ya se están llevando a cabo, como la del movimiento ATTAC que intenta aplicar un impuesto internacional a la especulación de la moneda. Otros proponen un impuesto «secundario» a los beneficios de las telecomunicaciones internacionales que eluden a las autoridades fiscales nacionales.

Held se da cuenta de que estas propuestas son ambiciosas y que no se implantarán fácilmente. «Aunque las circunstancias están claramente plagadas de peligros y el riesgo de una intensificación de una política sectaria, también presentan una nueva posibilidad: la recuperación de una democracia participativa e intensiva a niveles locales como complemento de las asambleas representativas y deliberativas del orden global más amplio. Es decir, tienen la posibilidad de un orden político formado por asociaciones, lugares de trabajo y ciudades democráticos, así como por naciones, regiones y redes globales.» Por tanto, Held propone extender simultáneamente la democracia hacia abajo, hacia lo local, y hacia arriba, hacia lo global. Semejante propuesta visionaria acabaría con el monopolio del estado nación como único emplazamiento importante para las deliberaciones democráticas.

Sean cuales sean los méritos ya sea de un estado nación más fuerte o de la extensión de la democracia hacia la esfera internacional, hay que tener en cuenta el problema de un poder global que no da cuentas a nadie. Porque el futuro de la democracia empieza a ser bastante negro. Nuestra débil clase política, encaramada en estados nación aislados y cegada por una visión globalista de un mundo feliz, simplemente no puede enfrentarse a las grandes corporaciones y las burocracias internacionales que facilitan esa visión. Esta clase política ha demostrado estar demasiado dispuesta a participar en una «carrera de fondo» (en las normativas medioambientales, los salarios, los programas sociales, la calidad de vida) para competir por el capital comercial y de inversión. Poco parece importarle lo que sus distintos electorados realmente quieren.

Los defensores del estado nación han sido acusados de representar una nostalgia sospechosa que ya ha pasado a la historia, mientras que los que defienden una internacionalización de la democracia han sido acusados de abandonar su mejor defensa dando un gran salto hacia el futuro que en el fondo es una suerte de capitulación ante la globalización corporativa. Lo más probable es que esta polarización no sirva para nada. Parece que a partir de este debate tendrá que surgir algún tipo de estrategia híbrida que afirme el derecho de la gente a decidir a todos los niveles. No tiene mucho sentido luchar por una democracia fuerte sólo o principalmente a un nivel. La energía e imaginación del movimiento antiglobalización se enfrentan a un mundo con muchos niveles de poder cuyo eje central pasa por Washington y Nueva York. Se necesita un proceso de acción democrática en varios flancos para consolidar el poder popular en las comunidades locales y regionales, pero también para proyectarlo en el ámbito nacional e internacional.

Capítulo 6
Democratizar la democracia

«La cura para los problemas de la democracia
es más democracia.»
John Dewey
filósofo

El descontento popular por nuestro modelo de democracia débil ha mermado la confianza no sólo en las personas a las que elegimos, sino también en el propio Gobierno, lo que ha beneficiado a los que lo dejarían todo en manos del mercado. El debate gira en torno a cómo se puede restaurar la fe popular en la democracia. Este capítulo analiza cuestiones como la democracia directa, la descentralización y la mayor proporcionalidad para dar vida a las estructuras democráticas anquilosadas.

John Dewey, el famoso filósofo pragmatista estadounidense, libró célebres batallas con Walter Lippmann, destacado defensor de la democracia débil. Dewey defendía una ciudadanía democrática más profunda en que las personas eran súbditos demócratas hechos y derechos que moldeaban el ámbito público. Para Lippmann, la democracia tenía que ver con la técnica y con las artes de la manipulación política. Ayudó a desarrollar las tácticas de Woodrow Wilson, quien tras ser elegido presidente de Estados Unidos bajo el juramento de que mantendría el país al margen de la Primera Guerra Mundial, se echó atrás y arrastró a los estadounidenses a las matanzas de las trincheras. Desde entonces, «decir una cosa y luego hacer otra» casi se ha convertido en norma para la clase política.

Dewey se quedó horrorizado, pero Lippmann se puso del lado de los que intentaban «gestionar» la democracia. Se concentró en

---

Democracia fuerte: dejar que la gente decida

En general, los referéndums directos han sido empleados para decidir cuestiones constitucionales importantes. El número de este tipo de convocatorias ha aumentado de manera drástica en el último cuarto del siglo XX. Los daneses decidieron no unirse a la moneda única europea. Los escoceses y galeses decidieron tener sus propios parlamentos. Los habitantes de Quebec decidieron no separarse de Canadá. Los chilenos decidieron que estaban hartos del gobierno militar. La mayoría de los europeos del este decidieron qué tipo de sistema político post comunista querían. Los neocelandeses decidieron cómo cambiar su sistema de votación. Los españoles votaron una nueva constitución. Aunque algunos de estos resultados fueron en contra de las recomendaciones de la élite política, la mayoría se obtuvo tras un meditado debate.

Sólo en unos pocos países –alrededor de la mitad de los estados americanos, Italia y, sobre todo, Suiza– se emplean los referéndums y las iniciativas de los votantes para hacer consultas sobre asuntos no constitucionales. Los referéndums suelen ser convocados por el Gobierno mientras que las iniciativas de los ciudadanos (como las leyes contra las armas aprobadas en algunos estados del este de Estados Unidos) son impulsadas desde abajo, por grupos de ciudadanos y organizaciones de la sociedad civil. En Italia, iniciativas apoyadas por la Iglesia católica que pretendían prohibir el divorcio y el aborto, fueron rechazadas por los votantes italianos. Lo mismo ocurrió con un aumento salarial automático para compensar el las «artes de la persuasión» y en la creación de consenso, en la técnica y en los detalles del ejercicio del poder.

Fue una disputa que se puede decir ganó Lippmann independientemente de los méritos de sus argumentos. En la actualidad las ciencias políticas ortodoxas se preocupan por los sondeos en las puertas de los colegios electorales, los grupos de interés, la votación por circunscripciones y los mecanismos para ejercer el poder. A medida que fue avanzando el siglo XX, los teóricos políticos empezaron a preocuparse por los enemigos totalitarios de la democracia (fascismo, comunismo, fundamentalismo) y dedicaron poco tiempo a examinar críticamente la democracia que defendían. En la actualidad esto empieza a cambiar conforme los teóricos de la democracia se van dando cuenta del malestar que está paralizando

alza en el coste de la vida que defendieron los comunistas.

Este tipo de iniciativas suelen estar apoyadas por «grupos nuevos» (feministas, ecologistas) o partidos políticos pequeños (los Verdes en Suiza, el Partido Radical en Italia) que les permiten presentar al público sus planteamientos. Algunos resultados concretos han sido la reforma electoral de Italia y una moratoria para la energía nuclear en Suiza. Los grupos estadounidenses han luchado por toda suerte de cosas, desde la reforma fiscal hasta la legalización del uso terapéutico de la marihuana.

Desde los años 1850, en Suiza se han convocado casi quinientos referéndums nacionales. Han llegado a celebrar hasta cuatro al año. El propio Gobierno convocó alrededor de tres cuartas partes, mientras que el otro veinticinco por ciento fue promovido desde abajo. Y el número de esta clase de convocatorias va en aumento.

Los suizos han votado presupuestos, el gasto militar, la política de inmigración, su relación con Europa y un sinfín de cosas más. También se han celebrado centenares de referéndums e iniciativas a nivel del Gobierno de los cantones suizos (regionales), a menudo para decidir el gasto público y cuestiones de planificación y desarrollo. Los resultados distan de ser predecibles, pero la política de la elección pública es la que más se beneficia. Suiza, con una población de seis millones y medio de habitantes, sigue siendo un país relativamente rico y conservador. Si bien la falta de democracia económica limita el pleno desarrollo de su vida política, las formas de participación directa demuestran que dejar que la gente decida no es ninguna quimera.

el sistema. Es alentador ver la amplia diversidad de ideas y programas que empiezan a surgir para profundizar la democracia.

Democracia directa

Tal vez la forma más pura de democracia sea la democracia directa que heredamos de la ciudad estado de Atenas. Desde luego, en estos momentos está pasada de moda. Para la mayoría de los que estudian y se dedican a la política, cualquier noción de democracia directa es peligrosamente utópica y enseguida cae en la demagogia y la intolerancia populista.

Pero ¿podemos esperar de un modo realista que haya una ciudadanía activa sin que tenga al menos un mínimo de experiencia en democracia directa? Desde luego, en las asociaciones de la sociedad civil no pertenecientes al Estado –desde la asociación de vendedores en el mercado central de Kampala en Uganda hasta las Exploradoras de Indianápolis–, la gente corriente toma decisiones democráticas directamente. Decide las reglas, define las características de los miembros, aprueba presupuestos, discute las medidas a tomar. Literalmente millones de personas de todo el mundo –desde la Cuba comunista hasta la Suiza del libre mercado– proceden así.

Sin su participación, apenas si es posible imaginar cómo funcionaría una sociedad. Si la dirección de todas las organizaciones sociales dependiera de una clase política que está al mando de una burocracia profesional, las ineptitudes y el coste serían inimaginables. Los ciudadanos también llevan a cabo acciones directas como forma de participación política, que suele ser la manera elegida por los jóvenes y marginados que han renunciado a las oportunidades electorales de una democracia representativa débil. Sus intentos de influir en el curso de los acontecimientos desde la calle suelen ser considerados por la clase política como desbaratamientos inoportunos en las decisiones tomadas de manera disciplinada, o incluso como amenazas terroristas a la propia idea de la democracia. De hecho, algunos problemas nuevos –como los derechos de las minorías o la protección medioambiental– sólo pueden entrar en el ruedo político por medio de una acción directa y manifestaciones. Una clase política satisfecha de sí misma tiene, como mucho, un interés relativo en los problemas nuevos y en los cambios importantes.

Participación restringida

Cualquier democracia directa significativa suele ser excluida de la esfera política. Las razones esgrimidas para justificar la imposibilidad de una democracia directa se parecen mucho a las ideas empleadas para atacar la democracia en general: «La gente no está lo suficientemente formada, es demasiado apática, se deja engañar por los demagogos, los problemas son muy complejos, el conocimiento necesario es demasiado profundo y sólo lo pueden tener los expertos, el tamaño de la población es excesivo, las decisiones deben tomarse rápidamente y no hay tiempo para prolongadas consultas democráticas.»

Por supuesto, hay algo de verdad en todo esto, pero también estas razones pecan de falta de imaginación y planificación. Para empezar, el actual votante apático o el que se abstiene sólo puede cambiar y formarse si participa de verdad. En las circunstancias actuales, el malestar del que hablamos en el capítulo dos sólo puede ir de mal en peor. El interés en los asuntos públicos y la sed de conocimientos para informarse antes de tomar decisiones meditadas nunca surgirán si las decisiones siguen fuera del alcance del ciudadano de a pie. En la política, como en todo en la vida, se aprende actuando.

Experimentos en democracia directa

En los lugares en que sobreviven elementos de democracia directa (como en algunos estados de Estados Unidos, Suiza o una serie de localidades que permiten de manera periódica que sus votantes se expresen directamente), no es en absoluto evidente que la calidad de las decisiones sea peor que si las hubiese tomado la clase política. Si bien se han tomado decisiones lamentables –en ámbitos como los impuestos y los derechos de los inmigrantes–, se han dado otras muy valientes como las relativas al uso terapéutico de la marihuana y la protección del medioambiente. Las decisiones tomadas de manera democrática han demostrado en la práctica que no son ni sistemáticamente reaccionarias ni están teñidas de reacciones populistas irreflexivas.

En algunos casos, como en el referéndum canadiense sobre los Acuerdos de Charlottedown para revisar la Constitución a principios de la década de 1990, los votantes rechazaron la visión defendida por casi toda la clase política, tanto de la derecha como la izquierda, y no aceptaron lo que consideraron una amenaza a la capacidad del Gobierno nacional de imponer normativas en todo el país. No es en absoluto evidente que se equivocaron. Los políticos a menudo se llevan una sorpresa desagradable cuando intentan y usan la democracia directa como simple herramienta para manipular. Un buen ejemplo es el rechazo de los chilenos, cuando se les dio la oportunidad, de respaldar la dictadura militar del general Pinochet. Si acaso, las iniciativas de la democracia directa han destacado por un grado sano de seriedad e incluso de escepticismo por parte del público.

Una mayor democracia directa sigue siendo una importante fuente de inspiración y de ideas en el intento de fortalecer el eje de una democracia débil donde las decisiones están cada vez más fuera del alcance de la mayoría. El politólogo Ian Budge, cuya obra pionera ha ayudado a reanudar el interés por la democracia directa, cree que se puede combinar de una manera creativa con una democracia representativa. Budge cree posible complementar los parlamentos y partidos políticos desconectados del pueblo con un mandato popular regularizado, donde los votantes aprobarían o rechazarían las importantes propuestas de medidas presentadas por los gobiernos basados en partidos. Según Budge, en semejante situación, «el Parlamento se convertiría en una comisión de debate, de investigación y asesoría, que inspira la discusión y el voto populares, en lugar de sustituirlos.» Esto podría actuar como freno popular a las grandes oscilaciones de las medidas políticas y a la influencia de los poderosos grupos extraparlamentarios en la clase política profesional. La historia podría ser muy distinta si acciones como una declaración de guerra o la imposición de amplios programas de ajuste estructural en el Sur no se llevaran a cabo sin antes conseguir un mandato popular.

Budge a continuación describe una cultura política revigorizada y animada bajo una democracia directa: «Si una organización especial se dedicara a realizar una retransmisión electrónica justa de las discusiones sobre las medidas políticas, se podría transmitir el debate inicial en el Parlamento y posiblemente las actas de las comisiones de investigación según el modelo sueco; después se seguiría con transmisiones de los partidos políticos, discusiones deliberativas entre muestras representativas y jurados, la retransmisión de reuniones locales, programas de radio o televisión en el que el público puede llamar para participar, y preguntas y comentarios a los medios nacionales. En otras palabras, se organizaría de una manera sistemática y regular todo el espectro actual de retransmisiones.»

Más decisiones meditadas

Los críticos sostienen que una democracia directa ralentizaría el proceso gubernamental. Pero eso también podría ser una ventaja importante. A menudo se lamentan las decisiones sobre medidas políticas tomadas apresuradamente. Una mayor cautela podría suavizar la precipitada carrera hacia un crecimiento irreflexivo que arrasa con todos los obstáculos y con los valores no económicos a su paso. También podría ser un buen contrapeso para el egoísmo y enriquecimiento de los líderes políticos o para la *raison d'état* tan popular entre los burócratas. Con demasiada frecuencia se esgrimen las prerrogativas del Estado de seguridad nacional como un reflejo condicionado para interrumpir un debate más meditado.

La extensión de la democracia para abarcar las decisiones directas puede considerarse como una prolongación de las décadas de luchas para expandir el derecho al voto a todos los ciudadanos. Esta amarga batalla sólo se ganó después de unas campañas muy duras libradas desde las bases. La lucha por un derecho al voto justo fue combatida con predicciones de catástrofes, de modo que no debería sorprendernos volver a oír semejantes afirmaciones. Pero ante lo demostrado por algunos estados de Estados Unidos y el

Democracia fuerte: ¿pueden las ONG ser democráticas?

A principios de los años 1970, Oxfam Canadá sufrió una profunda transformación. Inspirada por la visión del aspecto político de lo que entonces se conocía como «subdesarrollo», un grupo central de voluntarios y personal de Oxfam, al considerar que la organización vertical convencional que apoyaba los «regalos a los pobres» apolíticos ya no parecía apropiada, libró una batalla interna que alteró toda la estructura. Los cambios producidos en Oxfam fueron bastante novedosos en el mundo de las organizaciones no gubernamentales. Los salarios se nivelaron para que todos ganaran lo mismo. La organización se comprometió con un proyecto de autogestión en el que los activistas voluntarios y el personal compartían la responsabilidad. Una descentralización radical supuso mucho más poder para los consejos regionales y las comisiones locales del país y menos poder para Ottawa. El poder fluyó de abajo hacia arriba. La política exterior se moldeó para unir las luchas populares del Sur con las del Norte, partiendo de la idea de que sólo una transformación de nuestras propias sociedades podía alterar de manera significativa las relaciones de poder creadas por las desigualdades globales.

Para lograrlo, Oxfam no sólo dirigió su apoyo hacia los movimientos populares en el Sur, sino que también se dedicó a fomentar la educación popular, las organizaciones antirracistas y pobres y los retos al desarrollo impulsados por las corporaciones en la propia Canadá. Con los años, la organización dedicó cientos de miles de dólares de los donantes a esta tarea y no rehuyó la innovadora labor de recaudar fondos del público para estas campañas.

Un cambio de dirección tan atrevido no estaba exento de problemas e insatisfacciones. El proceso para tomar decisiones en una organización nacional radicalmente descentralizada puede ser largo y frustrante. Nadie estaba dispuesto a aceptar la palabra del otro sólo por el cargo que ocupaba en la organización. Las reuniones eran interminables. Poco a poco la percepción pública de la organización empezó a cambiar. Aunque los partidarios del núcleo duro fueron convencidos para seguir, el flujo masivo de dinero y los partidarios nuevos procedentes de las ayudas para las catástrofes eran más difíciles de sostener. Los medios conservaban la imagen convencional de que Oxfam era una organización benéfica de desarrollo y moldeaban las expectativas del público en esa dirección. Al fin y al cabo, el papel de una ONG de desarrollo era transformar, mañana o, como mucho, pasado mañana, el máximo número posible de dólares de los donantes en comida para las bocas hambrientas. Las relaciones con el Gobierno, incluida la Agencia de Desarrollo Internacional canadiense, se volvieron tensas y recelosas con todo, desde con el compromiso político hasta con las normas de los informes burocráticos. Oxfam no rehuyó hacer declaraciones polémicas en público. Oxfam Canadá intentó mantener un delicado e innovador equilibrio al conservar sus funciones tradicionales de beneficencia al tiempo que asumía muchas de las características de un movimiento social. Para preservar sus ambiciones democráticas, tenía que conservar este equilibrio y no inclinarse hacia ninguno de los dos lados.

Poco a poco empezaron a surgir las telarañas de la contradicción. Los que tenían cargos «directivos» empezaron a sentirse cada vez más frustrados porque su capacidad de gestión se veía obstaculizada por un exceso de consultas democráticas y porque sentían que la remuneración que recibían por sus credenciales y responsabilidades profesionales era insuficiente. Otros miembros del personal presionaron para sindicarse (en realidad a modo de respuesta), haciendo caso omiso de su propio papel de autogestores para asumir el de trabajadores militantes. Empezó a escasear el dinero (en gran medida debido a inversiones mal hechas en una empresa comercial) y la gente se puso a buscar dónde se podían hacer recortes. Los blancos más obvios fueron los consejos regionales (pues eran demasiado caros y ocupaban demasiado tiempo) y el programa nacional (no era un buen recaudador de fondos). En esos años llegaron y se fueron muchos asesores caros y los consejos fluyeron libremente.

Poco a poco Oxfam Canadá se vio obligada a adoptar un modelo más convencional. Se abandonó la regionalización a cambio de un proceso de «unidades» de voluntarios y de asambleas que se reunían con tan poca frecuencia que dificultaban cualquier aportación para una medida política o la supervisión de la organización. Las comisiones regionales se disolvieron. El número de voluntarios se limitó a unos cuantos al nivel de la Comisión Nacional (que rara vez discute los programas) y luego los de las unidades. Los voluntarios que antes tenían una función vital en el desarrollo y la selección de los programas ahora están en gran medida ausentes y han sido sustituidos por profesionales. Aunque muchos están comprometidos con el apoyo a los movimientos populares del Sur, se ha tenido que pagar un precio. Los recortes prácticamente han acabado con los recursos que Oxfam Canadá destinaba a la educación popular y las luchas sociales en Canadá. Se ha reducido el personal de las regiones y que se ocupaba del Programa Canadiense de Oxfam mientras que la oficina de Ottawa se ha ampliado. Se ha logrado «profesionalizar» la organización a expensas de una vida democrática interna vital. Numerosos miembros abnegados del personal siguen comprometidos con los objetivos políticos definidos por Oxfam, pero ahora deben perseguirlos en el contexto de una agencia de desarrollo profesional que ha perdido muchas de las características de un movimiento democrático.

Hoy día Oxfam Canadá se acerca más a un modelo de una ONG convencional. Pero el contexto en que actúa ha cambiado. El análisis que hacía en los años 1970 de la «pobreza política» ahora lo comparten ampliamente las ONG y un creciente movimiento antiglobalización en el país. El experimento democrático de Oxfam ayudó a crear este nuevo contexto. Lo ocurrido con Oxfam Canadá, sin embargo, muestra lo difícil que es crear «democracia» en una situación en que se está yendo contra corriente constantemente. Cuando las expectativas del Gobierno, el donante ocasional, los medios y una ideología del profesionalismo van en dirección contraria, es fácil que se agoten las fuentes de imaginación democrática.

ejemplo suizo, parecería probable que el mandato popular habría protegido más los servicios de sanidad y educativos y habría hecho más por el medioambiente. Budge y otros defensores de una mayor democracia directa conceden gran importancia al desarrollo de una red de nuevos medios interactivos basados en la tecnología para facilitar las decisiones democráticas con una base más amplia.

Esto plantea preguntas importantes sobre el acceso, la propiedad, el coste y la manipulación potencial de dichos medios. Pero también asegura un control popular directo sin reuniones aburridas de nunca acabar. La sociedad de masas obviamente no puede volver al modelo clásico ateniense de las grandes reuniones al estilo de las de los ayuntamientos, aunque este método de aportación local también podría desempeñar un importante papel en cualquier sistema político descentralizado. Las reuniones de barrio para decidir los presupuestos de las comunidades de la ciudad brasileña de Puerto Alegre han tenido un importante papel en la creación de un presupuesto municipal verdaderamente participativo. En las ciudades pequeñas, los pueblos del Mundo Mayoritario y los barrios urbanos, esta manera de tomar decisiones podría resultar muy adecuada.

Pero sea cual sea el método, la apatía y el alejamiento de la gente de la vida política sólo pueden superarse con una participación significativa, y el crecimiento de las tecnologías interactivas sólo puede contribuir a semejante posibilidad. Ya las manifestaciones masivas, como la de Seattle contra la Organización Mundial del Comercio, y otros movimientos políticos importantes han encontrado un lugar de reunión virtual en Internet.

Ha vuelto a surgir un modesto pero creciente interés por la democracia directa. Se han creado grupos en su defensa en muchos países y la Comisión para la Democracia Directa celebra convenciones bianuales. Los animan las posibilidades presentadas por las nuevas tecnologías interactivas, en las que ven el potencial de una cantidad mucho mayor de deliberaciones y de aportaciones democráticas. Es probable que en los lugares del Sur (sobre todo las zonas rurales) donde ya existe la tradición entre los indígenas de tomar decisiones conjuntas se puedan echar los cimientos de una democracia directa.

Representación limitada

Cuesta imaginar una democracia en funcionamiento sin formas representativas, sea cual sea la combinación con la consulta directa a los votantes y con las iniciativas populares tomadas desde las bases. Eso plantea la cuestión sobre cómo es esa «representación». En el sistema actual nos representan en la vida política pública uno o dos conjuntos de profesionales políticos, depende de si vivimos en un sistema federal o unitario, que se organizan en forma de partidos políticos «más o menos» democráticos. Estos partidos pertenecen a un espectro ideológico que abarca desde la izquierda hasta la derecha (aunque desde luego las diferencias entre ellos son cada vez menores). Algunos pueden representar determinadas regiones o intereses. Los que tienen más éxito suelen ser los grandes partidos *brokerage*: los Demócratas y los Republicanos en Estados Unidos, el Partido Demócrata Liberal en Japón, el antiguo Partido del Congreso de la India, el Partido Liberal en Canadá o el PRI en México. Estos partidos tienen compromisos políticos bastante laxos y usan una retórica vagamente populista (generalmente de izquierdas) en sus campañas políticas. Suelen ir acompañados de una serie de grupos de interés y facciones poderosas que exigen compensaciones económicas y políticas cuando el partido asume el poder.

Los partidos de orden más ideológico (como el Laborista británico) poco a poco se están convirtiendo en partidos «*brokerage*» en el clima despolitizado de la democracia de mercado. El tipo de «representación» que podemos esperar de ellos (sobre todo en los casos en que monopolizan el poder) está limitado por el número de exigencias de los que esperan recompensaciones y por el poder corporativo extraparlamentario arraigado en la economía capitalista. Las condiciones bajo las que gobierna un gobierno de mayoría se han definido en varias ocasiones como una «dictadura electa» o, como dice el crítico cultural británico Raymond Williams, «la elección periódica de un tribunal».

Williams traza las distintas nociones de la representación desde los tiempos de los Estados Generales en la Francia revolucionaria, donde la representación dependía de la posición social, hasta la idea de que los elegidos «representan» una zona geográfica. Si bien concede una verdad limitada a estas nociones de representación, William prosigue defendiendo «una idea alternativa para hacer constar, de maneras continuas e interactivas, los distintos intereses de los que están [...] representados.» En otras palabras, un sistema regular de responsabilidad que vaya más allá de la situación actual de celebrar elecciones cada tanto tiempo.

En la mayoría de las circunstancias actuales, estos «representantes» sólo son responsables ante nosotros de una manera muy general. En cuanto han sido elegidos, cualquier número de factores puede pesar más para ellos que los deseos de sus votantes: sus propias ideas, la disciplina del partido, la ambición personal o la influencia de los poderosos grupos de presión. En general los votantes no tienen ocasión de pedirles cuentas hasta las siguientes elecciones generales. Mientras tanto, crean prácticamente una dictadura, sobre todo si tienen la mayoría en el Gobierno. Incluso este precario ejercicio de voluntad popular que implican las elecciones tiene que vencer una multiplicidad de formas no representativas (cámaras no elegidas como la de los Lores británicos o el Senado canadiense, cámaras religiosas como la que obstaculiza el Parlamento iraní, el Colegio Electoral estadounidense), diseñadas para actuar como barrera ante la impredecible opinión pública.

El mismo lenguaje de la política refleja lo poco que significa la «representación» en la práctica. Un líder recién elegido suele decir que dejará de lado el partidismo y que a partir de ese momento se dedicará a representar a «todos los ciudadanos». Por supuesto, eso es ridículo e insultante para los que se opusieron a él en las elecciones y están totalmente en contra de su programa. También es insultante para los que creen en su programa y lo apoyaron en las elecciones.

Asimismo, está el caso de un miembro de la clase política no elegido pero prominente, como un líder que no tiene escaño, un candidato prometedor para ocupar un nuevo cargo de alto nivel en la política de un partido o el hijo o cónyuge de una dinastía política conocida. Alguien grita que «hay que encontrarle un escaño» y algún representante local se ve obligado a dimitir para que el famoso pueda ocupar su lugar. ¿Cómo se puede decir que semejante persona «representa» a sus nuevos electores?

Estas cosas siguen siendo motivo de irritación para los que defienden los principios democráticos tanto en la izquierda política como en la derecha. Los primeros ven que las desigualdades en el resto de la sociedad predisponen la representación hacia los que ya son poderosos, mientras que los segundos ven un estado burocrático alejado del control del ciudadano de a pie. Sin duda, una democracia más directa actuaría como freno popular. Sigue surgiendo una plétora de ideas para dar más poder y participación a los ciudadanos bajo distintas formas. Referéndums sobre cuestiones clave, la destitución, mediante el voto popular, de representantes individuales o de gobiernos enteros, cambios en el sistema de votación, la descentralización, reuniones de ayuntamientos, límites a los mandatos para impedir que una clase política se atrinchere, el federalismo, una democracia deliberativa con jurados formados por ciudadanos: la lista para revigorizar la democracia es casi infinita. El hilo que une todas estas propuestas es conseguir que la población regrese al escenario político.

El debate de la proporcionalidad

El actual sistema electoral desempeña un importante papel para determinar hasta qué punto los ciudadanos se sienten representados. A diferencia de los sistemas de representación proporcional (RP), donde es más fácil para las minorías expresar sus ideas, el sistema de mayoría simple o «first-past-the-post» (FPTP) tiende a crear dos, o como mucho, tres partidos políticos de «consenso» agrupados en torno al centro derecha o centro izquierda. Se trata de una situación en que predominan los partidos brokerage antes mencionados. Entre los países que en la actualidad usan el FPTP están India, Canadá, Estados Unidos, el Reino Unido y, con algunas variaciones, Francia. A los partidos nuevos con ideas diferentes (un Partido Verde, por ejemplo) les es especialmente difícil vencer el monopolio político del sistema FPTP. En semejante sistema, si yo voto a un candidato que sé que no ganará en mi distrito, mi voto se perderá, mientras que en los sistemas basados en la proporcionalidad, cuentan todos los votos en el resultado final, sin que se «pierda» ninguno.

En la mayoría de los sistemas electorales europeos, estos votos cuentan como parte del resultado nacional general y sirven para elegir a un grupo de parlamentarios que expresan las preferencias de sus electores. De ese modo, la gente puede votar más con su «conciencia» y de acuerdo con sus deseos en lugar de verse en la posición de tener que hacer una elección táctica de un mal menor para que sus votos sean útiles. Cabe señalar que la mayoría de los sistemas de Europa del Este y otras sociedades como Sudáfrica que recientemente han tenido la oportunidad de crear nuevos sistemas electorales han elegido algún tipo de representación proporcional en lugar de los sistemas FPTP.

La clase dirigente económica y muchos politólogos prefieren el sistema FPTP porque con él se cede democracia y las ideas de las minorías a cambio de estabilidad política. Suele haber un sesgo conservador a favor de las soluciones económicas duras y de las elecciones difíciles que debe tomar un liderazgo de mano dura. Sin embargo, eso es mezclar el principio democrático con el resultado deseado de una medida política. El propósito de un sistema electoral es «representar» de la manera más exacta posible los deseos de los votantes. Puede que las caóticas coaliciones multipartidistas que son más típicas de la RP no se ajusten a políticos mandones como Margaret Thatcher o Ronald Reagan, pero han demostrado de manera sistemática promover un mayor grado de participación e interés por parte de los ciudadanos.

Basta con unas pocas estadísticas para mostrar la parcialidad del sistema FPTP. En la campaña de 1997, el partido vencedor Laborista obtuvo el 63,4 por ciento de los escaños parlamentarios con sólo el 43,2 por ciento de los votos populares. Por contraste, en las últimas elecciones rusas, donde se emplea una variación de la RP, el Partido Comunista obtuvo el 25,6 por ciento de escaños con el 24,3 por ciento de votos. El FPTP ha permitido que dominaran unos cuantos partidos políticos muy poderosos y consolidados, como los Republicanos y los Demócratas en Estados Unidos, los Laboristas y los Conservadores en el Reino Unido o el Partido Liberal en Canadá. Canadá representa el caso típico de un país dividido regional y políticamente por el sistema FPTP. La mayoría de los partidos políticos están poco representados en la Cámara de los

Democracia fuerte: autogobierno local

En tres ocasiones el ayuntamiento de la hermosa ciudad de Rossland, en las estribaciones de la Columbia Británica, sometió a sus doce mil ciudadanos la decisión de aumentarse el sueldo. Y en las tres ocasiones los ciudadanos dijeron que no. Rossland es una de las pocas municipalidades en que los ciudadanos tienen esta clase de poder. Inspirada por el administrador municipal André Carrel, Rossland aprobó en 1990 su propia ordenanza municipal y constitucional que autoriza un sistema de referéndums y de iniciativas de los ciudadanos. La idea era sencilla y revolucionaria. «Todas las ordenanzas municipales han de someterse a la aprobación de los ciudadanos, ya sea sugerida o expresada, a discreción de los propios ciudadanos, y no sólo cuando la ley (o el ayuntamiento) lo considere adecuado.» En otras palabras, los ciudadanos de Rossland se hicieron partícipes de la expresión más profunda de la democracia fuerte: el autogobierno.

Los habitantes de Rossland usaron sus nuevos poderes para mejorar de manera drástica la calidad del agua, aprobando un gasto de dos millones y medio de dólares para crear el mayor sistema de filtración lenta de agua con arena y la primera planta de desinfección de agua con ozono. También crearon una Reserva de Calidad del Agua basada en un nuevo impuesto sobre el patrimonio. En Canadá el agua potable se ha convertido en un tema candente desde el envenenamiento de más de mil ciudadanos en Walkerton, Ontario, debido a un trasvase provincial irresponsable y a la privatización. Los habitantes de Rossland también aprobaron que los servicios contra incendios y de ocio estuvieran bajo control municipal para supervisar los gastos y la calidad de los programas. No se recortaron los impuestos drásticamente ni se eliminaron programas como temían los críticos de la democracia directa. Carrel cuenta que las actitudes hacia el Gobierno local han sufrido un gran cambio en Rossland. La excusa del «maldito Gobierno» ha dejado de ser válida, porque las decisiones sobre las políticas municipales reciben la aprobación de una mayoría de los ciudadanos por medio de un referéndum o bien son consentidas a través de su abstención. Al gobernar bajo el paraguas de una constitución municipal, los ciudadanos han definido los límites dentro de los cuales su ayuntamiento puede gobernar en su municipalidad.

Aunque todo esto suena muy bien, es ilegal. Las ciudades canadienses no tienen poder para gobernarse, ya sea directa o indirectamente. Como la mayoría de los municipios de otras partes del mundo, el gobierno local canadiense es sencillamente una creación de los niveles de gobierno (en el caso canadiense, las provincias) que están inmediatamente por encima de ellos. El trato que le dio el gobierno de Thatcher al ayuntamiento del gran Londres es un claro ejemplo del estatus colonial del gobierno municipal en el Reino Unido. Los gobiernos provinciales canadienses pueden disolver y han disuelto municipios, han modificado sus capacidades fiscales, cambiado sus límites, reducido el número

119

de representantes electos y atribuido la responsabilidad de servicios que correspondían a niveles más elevados de gobierno. La mayoría de las principales ciudades de Canadá han pasado o están pasando por un proceso brutal de fusión con sus suburbios, les guste o no. En la mayor ciudad de Canadá, Toronto, más del setenta por ciento del electorado votó en un referéndum contra la fusión, pero el gobierno provincial conservador se la impuso igualmente.

La posición de subordinación del gobierno local es un grave impedimento para la verdadera democracia. André Carrel cree que hay que retar el estatus colonial de los municipios para que la democracia no siga deteriorándose y creando una masa de consumidores descontentos en lugar de ciudadanos. Las políticas municipales de aplicar «una misma talla para todos» creadas por los niveles más altos de gobierno niegan el carácter único de los problemas de cada municipalidad y de las soluciones potenciales. Carrel considera que el experimento en Rossland de democracia directa no es tanto un programa que pueden copiar los demás sino una fuente de inspiración para hacer las cosas de una manera diferente. Un contrato político entre el gobierno local y sus ciudadanos no sólo para hacer consultas, sino también para recibir una aprobación directa, es en gran parte una cuestión de voluntad política. Carrel cree que en el contexto actual la demanda de alternativas claramente democráticas sólo puede aumentar. Concluye que «La idea de que los ciudadanos ostenten el poder es poderosa. A medida que más gobiernos luchan por ser "malos y pobres", a medida que las políticas públicas están cada vez más determinadas por políticas económicas y a medida que las políticas económicas se moldean cada vez más en términos globales, aumentará el interés en una participación significativa de los ciudadanos en las decisiones que afectan a la comunidad.» Esto sitúa la lucha por el autogobierno municipal directamente en el camino de la apisonadora de la globalización.

Extracto de *Citizen's Hall: Making Local Democracy Work*,
de André Carrel, Between the Lines, 2001

Comunes, con parlamentarios que proceden sólo de regiones determinadas (aunque casi todos reciben el apoyo del país entero). Por otro lado, el Partido Liberal de Canadá tiene una amplia mayoría en el Parlamento a pesar de haber recibido un voto popular que ronda el cuarenta por ciento. La frustración de los canadienses puede verse en la disminución de afiliados a los partidos políticos y en el aumento de la abstención.

El control desde las bases

Si bien la proporcionalidad en el sistema electoral puede ser parte de la respuesta, no satisfará los requerimientos de una verdadera democracia que valora el autogobierno. De hecho, si un sistema de RP no es modificado por la democracia interna de los partidos, reproducirá muchos de los problemas del sistema FPTP, con negociaciones elitistas entre los sectores de la clase política alejados del control popular. Ya empiezan a perfilarse las tensiones en el Partido Verde alemán y otros (cuando están en el Gobierno).

Los requerimientos para una democracia más profunda pueden introducirse por medio de elementos integradores de un gobierno directo en el sistema. También pueden ser útiles otros elementos de reforma democrática, como los límites de mandato, los jurados y asambleas formados por ciudadanos o las condiciones para las destituciones. Pero a diferencia de la fórmula básica de una «democracia débil / mercado fuerte» que intentan imponer los defensores de la globalización desde Luanda hasta Liverpool, es importante no abordar la reforma democrática con la idea de que «una misma talla sirve para todos». Existen fuentes de fuerza democrática desde la emergente sociedad civil de la China autocrática hasta la sociedad indígena acostumbrada a tomar decisiones de consenso en la América Latina andina. La práctica democrática en una zona urbana densa (asambleas populares de barrio, etc) seguramente será muy distinta de la democracia en una región desértica o con una población relativamente escasa. Cada sociedad tiene que encontrar sus puntos fuertes en sus propias tradiciones y crear un concepto de «representación» basado en sus propias necesidades en lugar de sencillamente importar el modelo occidental de una democracia débil. Eso conllevará una resistencia activa a las presiones ideológicas para adoptar el modelo estadounidense como si la suya fuera la única democracia «verdadera».

Sin embargo, de varias maneras, todas ellas muy ricas, el concepto de quién nos «representa» pide a gritos una ampliación. En los casos en que no nos podemos «representar» por medio de una votación directa para decidir medidas políticas importantes o participando en asambleas locales, es posible que de todos modos necesitemos que nos representen. Pero esa representación no tiene por qué ser por medio de miembros de una clase política más o menos permanente que actúa desde sus oficinas en una capital remota. En cambio, necesitamos una rica variedad de representación en nuestras viviendas en régimen de cooperativa, en nuestros trabajos, en los barrios, escuelas y universidades, en las comisiones de planificación regional o en los comités asesores del medioambiente. Es la única manera de democratizar de verdad la vida contemporánea. Eso implica una descentralización radical del poder basada en el principio de que todas las decisiones deben ser tomadas por las personas a las que afectan más directamente. Una política de máxima autogestión podría enriquecer y animar, educar y dar alegría a la práctica democrática. La democracia ya no parecería algo remoto, monopolizado por unos pocos representantes que «sirven para todo», sino que formaría parte de la vida cotidiana donde los ciudadanos interaccionarían de manera regular con los que se ocupan de satisfacer nuestros deseos.

Capítulo 7
Democracia y ecología

«Encuentra tu lugar en el planeta, instálate y asume
la responsabilidad desde ahí.»
Gary Snyder
poeta

**La crisis medioambiental está planteando retos a la demo-
cracia ortodoxa de maneras muy cruciales. Una democracia de mercado, donde se intercambia el verdadero poder
democrático por una prosperidad consumista cada vez
mayor, sencillamente no es sostenible. Los plazos cortos
en los que se mueven la mayoría de los políticos no pueden
responder a los impactos a largo plazo del cambio ecológico. Este capítulo analiza los instrumentos de las ideas verdes para crear una ecodemocracia donde la salud medioambiental es un principio básico.**

La cuestión medioambiental es algo relativamente nuevo para los
pensadores democráticos. La teoría democrática clásica partía de la
idea de una naturaleza pródiga, poseedora de una cantidad ilimitada

de bienes destinados al solaz humano. Sólo había que convertirlos en propiedad privada o bien eran «aportaciones» gratuitas que hacía la naturaleza para la fabricación de artículos. Pero en el mundo actual de ecosistemas que se vienen abajo, de recursos cada vez más escasos y de diseminación de toxinas, la situación es muy distinta.

Los problemas medioambientales se han convertido en un objetivo básico de la acción democrática. John Locke o Jean-Jacques Rousseau nunca se habrían podido imaginar el movimiento chipko en el Himalaya, que intenta defender sus recursos forestales y sus cuencas (así como su sustento), de los intereses comerciales de los madereros. Tampoco habrían concebido las calles de las grandes ciudades del Sur como Ciudad de México y Bangkok, donde escasea el aire respirable. Los problemas medioambientales, si existían, eran locales; el impacto potencialmente catastrófico de la actividad humana en el clima global era simplemente inconcebible.

Ya sea a causa de las especies en peligro y las biorregiones o la desertificación y la creciente escasez de agua potable, los temas y problemas medioambientales constituyen un importante y nuevo reto para la teoría democrática. Ver cuál es la mejor manera de administrar los recursos, minimizar los impactos ecológicos y ralentizar un crecimiento sostenible hasta alcanzar proporciones razonables, representa un reto importante para la democracia. En el modelo de una democracia débil/mercado fuerte, el consumidor soberano es rey, a menos, por supuesto, que sus ingresos (o su ausencia) no logren traducirse en una demanda eficaz. El mensaje de «compra, compra, compra» ejerce una influencia poderosa en la conciencia popular. Tiene el potencial de enfrentar a una mayoría consumista, por un lado, con una minoría, por el otro, que ve la necesidad de salir de esta rutina insostenible. En general suelen presentar a los ecologistas como si pretendieran «aguar la fiesta». Es un reto clásico de las relaciones entre las minorías y las mayorías.

Plazos cortos

Los ecologistas también se enfrentan al problema del «plazo de tiempo» de la política democrática tal y como se practica en la actualidad. El político tiene que prometer trabajo y prosperidad en un plazo de tiempo muy corto, ya que las elecciones se celebran como mucho cada cuatro o cinco años. Debido a nuestra política basada en personalidades, con poco debate sustancial sobre los problemas (en Estados Unidos, un político tarda una media de ocho minutos en responder a una pregunta), el éxito de las campañas electorales modernas a menudo depende del que promete entregar «los artículos» de la manera más eficaz.

Aunque en general conviene dar a estas cuestiones prácticas la apariencia de que se trata de una especie de «visión», en realidad es una política muy básica. No es fácil convertir cuestiones como el aumento del cambio climático en las últimas décadas, la extinción gradual de las especies vegetales y animales o nuestra obligación de dejar a las generaciones futuras un mundo habitable, en temas de interés para los medios de comunicación. La política, tal y como se practica, hace que sea difícil convertir semejantes preocupaciones en programas políticos efectivos. El hecho de que estemos llevando a diario a cientos de especies hacia el olvido evolutivo no parece constar en los sondeos de opinión. El abandono del régimen de Bush de sus compromisos con los ya de por sí mínimos acuerdos de Kyoto sobre el cambio climático mundial es un ejemplo típico. Una generación entera de políticos ha hecho caso omiso de compromisos importantes con la protección medioambiental simplemente porque allí no ve ningún voto. Una democracia más participativa y deliberativa, que involucra a las personas como ciudadanos y no sólo como consumidores, no garantizaría mejores resultados, pero difícilmente los empeoraría. Una democracia más lenta, que concediera más tiempo a las deliberaciones y las aportaciones populares, cedería más espacio que la frenética «temporada tonta» de nuestras campañas electorales actuales.

El consumismo frente a la ciudadanía

La ecopolítica ha abordado la cuestión de la democracia de varias maneras. El pensamiento político verde tiende a creer que la sociedad contemporánea sufre una crisis de participación. Según este punto de vista, los ciudadanos se han retirado de la vida y la participación públicas y han sustituido esos compromisos por los placeres de las compras y de diversos entretenimientos pasivos. En cierto sentido, la gente renunció a su papel de ciudadanos y compensa su impotencia en el ruedo público realizando otras actividades, como adquirir motos acuáticas, vehículos todo terreno, artículos informáticos y la última ropa de marca. Cuesta saber qué vino primero: los placeres del consumismo o la impotencia asociada al modelo de la «democracia débil». Casi toda la filosofía política verde se centra en un renacimiento de la participación popular y en el equilibrio entre una mayor calidad de vida (más poder, menos horas de trabajo, una cultura más democrática) y una reducción en la cantidad de vida (con estilos de vida con poca energía y una reducción del consumo más flagrante). Así, la participación podría consistir en salvaguardar y renovar el mundo natural.

Este concepto de participación viene acompañado de una defensa más o menos radical del descentralismo. La teoría política verde tiene una predisposición que le hace favorecer de una manera casi inevitable la descentralización de las decisiones políticas. El grado de descentralización es motivo de acalorados debates en las distintas corrientes del pensamiento verde. Algunas, como las facciones fundamentalistas que hay en la mayoría de los partidos verdes o los eco anarquistas y biorregionalistas, creen que la sociedad entera debe revertir a una forma y escala más sencillas si hemos de sobrevivir como especie. Así, hacen hincapié en la creación de las formas de esta nueva sociedad para que pueda vivir en armonía con su ecosistema local y defenderlo si es necesario de la degradación por parte de las corporaciones o de cualquier otra agresión. Eso implicaría a la larga cambiar los modelos de población humana, de modo que se acabaría con las grandes conglomeraciones urbanas. Las decisiones democráticas, por lo tanto, se convierten en un asunto que se resuelve «cara a cara», un modelo inspirado en las tradiciones de los pueblos indígenas.

Más allá de lo local

Otras corrientes ecopolíticas señalan el hecho de que muchos problemas medioambientales que hay en el mundo no se pueden solucionar actuando simplemente en un plano local. Estas personas creen que cuestiones como el cambio climático, nuestra cultura automovilística y la ingeniería genética no pueden resolverse concentrando el poder en las comunidades locales por mucho que se gobiernen democráticamente. Asimismo, sostienen que dejar las arenas internacionales y nacionales a poderosas organizaciones corporativas y burocráticas sólo significaría que nadie pondría objeciones a sus decisiones. Por lo tanto, defienden un concepto de democracia política que descentraliza muchas decisiones que ahora se toman a nivel nacional.

Otras decisiones relacionadas con la planificación, las normativas nacionales para la calidad del aire y el agua, los tratados de protección medioambiental, etc., tienen que tomarse a nivel de las regiones, los estados nación o incluso internacionalmente. Esta tendencia ecopolítica defiende la democratización de estas instancias más elevadas de la política, algo necesario no sólo para fomentar una mayor participación e interés, sino también para poner freno al peso desigual de los que tienen importantes intereses en el sistema industrial actual. Sólo así habrá una posibilidad de restaurar el equilibrio ecológico y de llevar una vida más sana.

Las complejidades del Sur

En el Sur la cuestión se complica todavía más. A menudo se considera que el sentimiento ecológico es una postura propia de los privilegiados del Norte. Aunque esto empieza a cambiar conforme los movimientos ecologistas del Sur adquieren cada vez más fuerza, sigue siendo una opinión muy extendida. A ello no ha contribuido la actitud displicente de algunos ecologistas del Norte hacia las situaciones de vida o muerte a las que se enfrenta a diario mucha gente del Sur. Pero es que en una situación de escasez económica real (en oposición a la escasez manipulada), los recursos limitados están sometidos a una gran presión. La pobreza y la amenaza a la propia supervivencia pueden obligar a los que están abajo a un abuso desesperado de los recursos (como ocurre con la deforestación, el agotamiento de la tierra, la contaminación del agua).

Este proceso se ve agravado por las presiones ejercidas a varios niveles para integrar las economías nacionales en un mercado global organizado en torno a la explotación descontrolada de los recursos, ya sea el cobre de Zambia o el cacao de Indonesia. Es poco probable que países muy endeudados, desesperados por conseguir divisas extranjeras, hagan caso cuando se les sermonea sobre las prácticas ecológicas más sensatas. Las últimas décadas también han presenciado el traslado de industrias contaminantes y que pagan salarios bajos a «zonas de libre comercio», como México y Centroamérica, Indonesia o Filipinas. Estas decisiones se toman por una serie de razones, siendo una de ellas la de evitar la diligente imposición de leyes medioambientales.

Estas presiones de la globalización y las desigualdades que generan no sólo aumentan la degradación medioambiental, sino que también reducen de manera significativa las posibilidades democráticas. Se ha pontificado mucho al Mundo Mayoritario sobre valores como la «transparencia», el «buen gobierno» y la «democracia». En documentos del Banco Mundial o en los discursos de los personajes ilustres de Occidente, se ha defendido hasta la saciedad lo que en realidad es el modelo del mercado fuerte / democracia débil. El problema es que, incluso más que en el mundo industrializado, las desigualdades económicas generadas por este sistema se gestionan mejor con medios autocráticos. La respuesta política a estas desigualdades –disturbios, regiones marginadas que quieren autonomía o independencia, comunidades enérgicas en las barriadas de chabolas u organizaciones campesinas, sindicatos deseosos de romper el ciclo de los salarios bajos o ecoactivistas que defienden un desarrollo verdaderamente sostenible– a menudo tiene que controlarse con medios antidemocráticos y a veces autoritarios. La delincuencia, la corrupción y las drogas y una «pujante» economía sumergida aumentan aún más la tendencia a usar la policía en lugar del Parlamento como medio para gobernar. Las democracias del Mundo Mayoritario son frágiles y tienen una base reducida de consenso. El modelo de la democracia débil / mercado fuerte presiona demasiado tanto el medioambiente natural como las posibilidades democráticas.

La ecodemocracia

En ese sentido, los destinos del ecosistema y de una democracia sustancial están muy vinculados. La defensa de uno aumenta las posibilidades del otro. Si se aborda el desarrollo de una manera descentralizada y teniendo en cuenta el medioambiente, se favorecerá una democracia descentralizada en que la gente tenga realmente voz. Las maquinarias políticas que compiten en la actualidad para repartirse el botín y proteger el sistema que genera ese botín anulan las posibilidades democráticas. Sea cual sea el resultado de los distintos debates dentro del movimiento de los verdes sobre el grado de democracia directa o de descentralización, cuesta imaginar una democracia sostenible del futuro que no sea verde. Los crecientes problemas medioambientales –cambio climático, peligro de extinción de las especies, envenenamiento químico, agotamiento de recursos, peligros biogenéticos– nunca podrán resolverse con el modelo de una democracia débil/mercado fuerte.

Como vimos en el capítulo tres, C. B. Macpherson, en su obra pionera sobre los orígenes y las características del modelo de una democracia débil /mercado fuerte, identifica el «individualismo posesivo» como la base de la tradición de la democracia liberal. Macpherson critica la tradición clásica porque, según él, depende de la idea de que cada individuo maximiza su poder como manera de maximizar sus deseos. Considera que el «infinito deseo de poseer y consumir» es una fuente para acumular poder (tanto económico como político), típico de la sociedad de mercado. Teniendo en cuenta que escribió en los años 1970, se muestra optimista al pensar que la sociedad avanza hacia una situación de post escasez, donde el «trabajo compulsivo» relacionado con el deseo ilimitado ya no será necesario.

Desde el punto de vista del cambio de siglo, con su capitalismo triunfante, su crisis ecológica y las persistentes desigualdades, todo esto parece muy optimista. Puede que un mejor punto de partida como nueva base para la democracia sea el concepto de Gandhi de que «hay suficiente para las necesidades de todos, pero no para la avaricia de todos.» Nos encontramos en una situación ecológica donde el «individualismo posesivo» está cada vez más en conflicto con la supervivencia de las especies, incluida la nuestra. Cualquier democracia ecológica tendría que basarse en la identificación y el rechazo al concepto liberal clásico del derecho de cada individuo a maximizar sus deseos y su poder. Tal vez ésta sea la intersección más prometedora de la teoría democrática con el pensamiento político verde.

Capítulo 8
Democracia fuerte en el Sur

«Si uno actúa como si no hubiera ninguna posibilidad
de cambiar, conseguirá que no cambie nada.»
Noam Chomsky
teórico político

**En el Sur, a menudo los derechos democráticos son una
cuestión de vida o muerte. Pero también son especialmente frágiles en una situación de grandes desigualdades,
donde los poderosos a menudo recurren a la represión brutal para conservar y ampliar sus privilegios. Este capítulo
analiza la lucha para crear una democracia más sólida y
cómo adopta formas muy distintas basadas en diferentes
experiencias nacionales. Asimismo, examina cómo estos
esfuerzos corren el peligro de desviarse si no están profun-
damente arraigados en la vida popular.**

La democracia en el Sur todavía no es una de esas contiendas des-
lumbrantes entre dos maquinarias perfectamente engrasadas
como las que se ven en Londres o Washington. Es algo mucho más

modesto, pero también, de algún modo, más profundo. Para los campesinos indios de la Latinoamérica andina puede significar simplemente que los militares ya no echarán a sus comunidades junto con sus medios de vida para trasladarlos a «poblados estratégicos» por razones de seguridad nacional. En demasiados lugares del Sur también puede significar librarse de los asaltos mortíferos realizados por milicias étnicas o por brigadas de vigilantes de derechas o dejar de verse atrapados entre los dos fuegos de una docena de guerras civiles. Para un funcionario de África Occidental puede significar un mínimo de seguridad cuando el cambio de líderes políticos trae consigo un nuevo orden. Puede significar el derecho de los ecologistas de Indonesia o Malasia a tener un «espacio político» necesario para presentar sus ideas sobre el saqueo de los recursos madereros o los efectos contaminantes de las prácticas agrícolas de cortar y quemar. Para un periodista iraní puede significar el derecho a simplemente hacer su trabajo de una manera honesta, sin la pesada mano de la censura. A menudo se experimenta como un tipo de libertad negativa «de» la interferencia, como un deseo de asegurar el espacio tanto político como personal.

Libertad de, libertad para

Pero esta «libertad de» está inevitablemente ligada a una «libertad para». Pues puede haber poca «libertad de» si el poder popular no dispone de medios para controlar las actividades de las autoridades. A largo plazo esto sólo se puede garantizar si las instituciones de una democracia en las bases pueden moldear el contexto en que se toman las decisiones públicas. El espacio político depende de una sociedad civil viva y de la sensación por parte de los poderosos de que el poder político no es una «propiedad privada» que pueden blandir como les convenga. Y eso sólo lo puede asegurar una democracia fuerte. El poder para gobernar tiene que pasar de la autoridad central del Estado nacional a los pueblos rurales, las comunidades urbanas y una serie de lugares de trabajo. Sólo con semejante sistema de poder disperso se puede dar voz a los intereses e ideas de la mayoría pobre del Sur.

Tal vez sea aquí donde más se necesita la tradición de una democracia fuerte para reforzar las aspiraciones populares. Ya se oyen esas voces amortiguadas, aunque tienen poco impacto en las decisiones tomadas en las altas instancias del Estado nacional. Las capas burocráticas de las pautas de procedimiento las consideran ilegítimas, incluso subversivas. Pero no se puede negar su existencia: en los pueblos de pescadores del sur de la India, entre los obreros insatisfechos de las «maquilas» (fábricas donde se explota a los trabajadores) en la frontera de México con Estados Unidos, en las comunidades autóctonas de Sarawak o incluso entre los refugiados traumatizados por la mortífera guerra civil en el sur de Sudán. Crecen como las obstinadas malas hierbas entre las grietas de una acera de cemento. Son las futuras semillas de una democracia fuerte: una democracia sensible a las necesidades de los pobres y no a los dictados del poder corporativo. Por eso son subversivas.

Exportar la democracia

Como mencionamos en el capítulo dos, en los últimos años (desde la Guerra Fría), el Sur ha estado constantemente sometido a intimidaciones con motivo de sus prácticas antidemocráticas. Todos, desde la Internacional Socialista hasta el Fondo Monetario Internacional, se han unido al coro. Eslóganes como «buen gobierno» y «transparencia» se han convertido en moneda corriente para la industria predicadora del Norte. Se ha producido un alejamiento significativo de las dictaduras y de los gobiernos militares para adoptar distintas formas de gobierno civil y celebrar elecciones con más o menos libertad, sobre todo en América Latina. Sin embargo, los avances democráticos siguen siendo frágiles. Eso se debe a varios factores. Pero uno de importancia subyacente sin duda es lo bien que va el modelo de la democracia débil/mercado fuerte en una situación de extrema pobreza y desigualdad. Este modelo ha sido prácticamente impuesto a los estados nación del Mundo Mayoritario como parte de una serie de condiciones (para créditos, el acceso a mercados, un estatus comercial favorable) exigidas para participar en la economía global. Es un modelo en que la voz de la mayoría pobre tiene que restringirse a los márgenes de la vida política, ya que si estuviera en el centro, amenazaría la «lógica del mercado» que forma parte integral de esta tímida democracia.

La inestabilidad que surge de manera inevitable de los extremos de riqueza y pobreza generados por el mercado se ve agravada todavía más por las distintas combinaciones de tensiones regionales, étnicas o religiosas. Los titulares pueden hablar de tomas de rehenes en el sur de Filipinas o de la mortífera guerra civil de Sri Lanka,

---

La democracia fuerte incrustada en una piedra

En la entrada del pueblo de pescadores de Kanyakumari, en el estado indio del sur de Tamil Nadu, hay una piedra con fecha del 20-8-1993 que conmemora la victoria del sindicato de pescadores contra los propietarios locales de las barcas pesqueras. Entre otras cosas, dice que las barcas pesqueras no pueden salir en la temporada del monzón que es cuando los peces desovan, que deben regresar a puerto no más tarde de las seis de la tarde y no deben pescar en un radio de cinco kilómetros de la costa, que es donde faenan los pescadores artesanales (la gran mayoría).

La ley local es el resultado de una ardua lucha entre los pescadores costeros y los propietarios de las barcas en la que se llevaron a cabo acciones directas como la captura de barcas, bloqueos de carreteras y huelgas de hambre. Para los hombres y también para las mujeres cada vez más activas de Kanyakumari esta ley tiene más peso que cualquier otra promulgada en la remota capital de Nueva Delhi. Como dijo una de las mujeres militantes de Kanyakumari al ministro de Pesca de la provincia en Madrás: «Nuestra *kal vettu* (inscripción en la piedra) es la ley de nuestro pueblo. No podemos cambiarla. Si usted la cambia, su ley se quedará en su oficina, no se podrá imponer en nuestro pueblo.»

Esto es una percepción de la democracia local en su forma más pura. Así, cuando los propietarios de las barcas pesqueras empezaron a violar la ley –al pescar en la temporada del desove, negarse a pagar las redes de los pescadores costeros que habían roto y no respetar el límite de las seis de la tarde—, la comunidad enseguida se puso en acción para defender la democracia local. Irrumpieron en la sede regional para manifestarse ante el Recaudador, el funcionario local más importante del que se sospechaba que estaba compinchado con los ricos propietarios de las barcas. El propio pueblo se convirtió en coto prohibido para la policía (que se creyó la amenaza de que la tirarían al mar) y se emprendieron acciones contra los propietarios de las barcas y sus empleados. La comunidad tenía el apoyo de la iglesia local y de delegaciones de las organizaciones nacionales de pescadores. Apurna Sundar cuenta que aunque no se resolvieron

---

pero la historia subyacente tiene que ver con el racismo, el resentimiento y la disparidad regional. Cuando las causas están arraigadas en varias capas de complejidad histórica, las soluciones no se encuentran dejando simplemente que decida el mercado. Cualquier teoría democrática que se precie sostendría que tiene que ser la población la que se encargue de decidir, no sólo como consumidores sino como ciudadanos.

---

muchas cosas, «los aldeanos no vivieron la lucha contra los propietarios de las barcas como un fracaso, sino como una fuente de poder. Objetivamente también puede verse como una contribución a la creación de un poder compensatorio, de la conciencia colectiva y viva de la gente, de su vigilancia para evitar el abuso del poder formal.»

También hay que ver la lucha de Kanyakumari como parte de la batalla general que los ocho millones de pescadores de la India han librado con éxito contra el reparto de las aguas indias y las licencias a las flotas extranjeras de pesca de altura. El movimiento de pescadores dirigido por el Foro Nacional de Pescadores lanzó una campaña nacional contra la globalización de la industria pesquera india. Enfrentada a pescas cada vez más reducidas y sin ningún beneficio económico evidente ni empleos para los indios de a pie, la organización tenía pocas opciones. Empleó las mismas tácticas de acción directa que la población de Kanyakumari, convocando una serie de huelgas nacionales de la industria pesquera, el bloqueo de los principales puertos y huelgas de hambre. También recurrió a organizaciones de pescadores de cientos de pequeñas comunidades costeras como Kanyakumari para coordinar la acción a nivel local y difundir las noticias.

Otro paralelismo entre estas luchas democráticas locales y nacionales es con la ideología de una especie de ecodemocracia que surgió a partir de las dos luchas. En ambos casos, los motivos de las protestas eran la injusticia social (el privilegio de unos pocos a costa de muchos), la explotación insostenible de los recursos pesqueros con medios mecánicos y el poderoso argumento de que la seguridad alimentaria de los indios debía anteponerse a las necesidades del mercado de exportación. Ambas protestas emplearon los espacios proporcionados por la democracia liberal que sirven para ampliar el «espacio político» a fin de obtener una democracia de base más fuerte.

Información extraída de «*Sea Changes: Organizing around the Fishery in a South Indian Community*» de Aparna Sundar en Street-level Democracy de Jonathan Barker, Between the Lines, Toronto, 1999.

En lugares como África, desde el principio la idea del estado nación (que es donde se supone que tienen que tomarse las decisiones democráticas) ha sido incómoda, una idea impuesta de manera arbitraria como parte de la historia colonial. Agrupar a pueblos que no tenían casi nada en común y enfrentarlos entre ellos fue parte de la política colonial cuyas consecuencias los africanos siguen pagando. El Estado postcolonial, tal y como evolucionó, estaba demasiado sobredimensionado y al mismo tiempo carecía de la capacidad y a menudo de la voluntad de atender a sus ciudadanos. Demasiado a menudo el Estado se convirtió en un medio por el que los que ya eran ricos y poderosos extraían y acaparaban la riqueza de la sociedad. Al poseer una infraestructura y programas débiles, en general las instituciones de África no son muy fuertes, salvo la militar, que tiene una larga y sangrienta historia de moldear la política para lograr sus propios objetivos. Pero la nueva agenda de reforma democrática que defienden los expertos del Norte para el Sur pasa por alto las realidades de estados que carecen de capacidad y seguridad en sí mismos. La exigencia de que el Estado abandone sus funciones reguladoras y de que retire las protecciones económicas para los marginados nunca inspirará confianza popular. Así que los límites a la democracia intrínsecos al modelo de una democracia débil / mercado fuerte sencillamente agravan las tensiones y desigualdades que ya afectan a la sociedad del Mundo Mayoritario.

Democracia fuerte

Existe la tradición en el Sur de luchar por una democracia más fuerte. Se pueden ver elementos de esta lucha en sectores del movimiento panafricano y en los intentos de Julius Nyerere de crear un socialismo africano para Tanzania; en la tradición radical de Bolívar, Sandino y Zapata del populismo de América Latina que han inspirado a los sandinistas de Nicaragua y a los zapatistas del sur de México, y en corrientes de acción directa gandhiana en el sur de Asia. Estas fuertes tradiciones democráticas fueron reprimidas en la contienda de la Guerra Fría entre la democracia de mercado (y las dictaduras militares empleadas para preservarla) y las distintas formas de socialismo estatal autocrático apoyadas por la Unión Soviética. En general, estos socialismos, tal y como se desarrollaron en lugares como la Etiopía de Mengistu o la Kampuchea (Camboya) de Pol Pot, carecían por completo de cualquier tipo de credenciales democráticas. Se convirtieron en pesadillas y campos de exterminio de los derechos humanos. Otros países como China, Vietnam y Cuba al menos podían alardear de algunos logros en sus intentos de satisfacer las necesidades básicas de sus ciudadanos, aunque tampoco puede decirse que son modelos de una democracia fuerte. Por lo tanto, durante todo un periodo de historia postcolonial, la innovación en las formas populares de democracia simplemente se excluyó de la agenda.

En la actualidad está renaciendo el interés por las tradiciones de una democracia fuerte. Hoy en día estas tradiciones se mezclan con conceptos radicales de autodeterminación indígena, la concesión de poder a las comunidades y regiones, la resistencia ecológica y una sociedad civil fuerte y una democracia económica para crear los medios que permitan una alternativa al modelo de una democracia débil/mercado fuerte. Estas ideas surgen de una ciudadanía que se siente privada del derecho de representación (al margen de que pueda votar o no) en un gobierno en el que los que mandan de verdad están en Washington o Bruselas. Los intereses extranjeros actúan de común acuerdo con los que ostentan el poder nacional y que son los que más se benefician de la globalización de la vida económica. El deseo de una «democracia fuerte» ha sido inspirado por la creciente repugnancia que dan las enormes diferencias en las «oportunidades en la vida» de los que viven amurallados en las urbanizaciones de lujo de Guatemala o de Nairobi y los que se aferran a la vida en las barriadas urbanas y los poblados marginados del Sur.

El movimiento para lograr una democracia más profunda será forzosamente muy distinto en cada país. No conviene utilizar a otro país como modelo. Las diferencias en los recursos de los activistas, en el nivel de desarrollo, en las tradiciones políticas y los enemigos antidemocráticos a los que habrá que enfrentarse incidirán tanto en la lucha como en los resultados. Por eso exportar una democracia como la estadounidense al resto del mundo no sólo es un gesto interesado sino fútil. Inevitablemente, para conseguir una democracia más profunda en Estados Unidos, habría que volver a moldear las formas dominantes del individualismo propio de la cultura estadounidense y habría que basarla en una autonomía mucho mayor del ciudadano individual de lo que ocurriría en las sociedades colectivas del Sur.

La lucha por una democracia más fuerte en la India o Nigeria tendrá que recurrir a las fuentes generadoras de fuerza (como las identidades colectivas o las formas indígenas de organización) que están arraigadas en esos lugares.

Crear el espacio democrático

Un requisito para cualquier tipo de democracia fuerte es la creencia popular de que es algo deseable y también posible. Una de las fuentes de esta creencia es la experiencia de la gente en la gestión de sus propias organizaciones y en la práctica de la democracia a un nivel local. Ya sea en las cooperativas productoras de cacao como Kuapa Kokoo en Gana o en las asociaciones de barriadas que luchan por mejorar sus condiciones de vida en Lima y Ciudad de México, la experiencia democrática ayuda a generar confianza y fe en el autogobierno. En todo el Sur, estas prácticas de democracia local empiezan a aparecer en distintos entornos. Algunas fueron inspiradas y apoyadas por organizaciones no gubernamentales (ONG) del Norte, otras han surgido a partir de los intentos colectivos de la gente de procurarse una seguridad económica, como las cooperativas de artesanos o de campesinos y pescadores y las asociaciones de vendedores que deciden democráticamente las normativas para vender en los mercados urbanos. Algunas organizaciones fueron creadas para proteger los derechos de los trabajadores, como los sindicatos y otros grupos de defensa del trabajador. Otras surgieron en iglesias o mezquitas y defienden el bienestar de sus miembros y a menudo de la comunidad más amplia. Algunas están influidas por ideas feministas y crean asociaciones para luchar por los derechos de género, contra la violencia doméstica o para crear programas generadores de ingresos para sus miembros. También se han formado grupos democráticos para luchar por los derechos regionales o de minorías. Los grupos de las castas más bajas de la India y los pueblos nativos de América del Norte y el Sur son sólo dos de los numerosos ejemplos de esta clase de lucha.

También ha surgido en muchos países un tipo de ecologismo de base para proteger los recursos comunitarios –el agua, la tierra, los árboles, los derechos de pesca, las cuencas, la calidad del aire– de los intentos de privatizarlos, contaminarlos o bien de expropiarlos de algún modo para que dejen de ser de uso público. Se trata de una lucha especialmente importante para los pueblos indígenas que todavía dependen de los recursos comunitarios para su «economía de subsistencia». Existen asimismo otros tipos de organizaciones que surgen de los márgenes de la desesperación, como las de los refugiados que intentan ejercer un mínimo de control sobre sus vidas en los campamentos de África y algunas partes de Asia, o los vendedores ambulantes que luchan contra el acoso de la policía.

Los lugares y las motivaciones para este tipo de democracia local varían enormemente. Pero aquí vemos el potencial de una democracia fuerte, ya que sin la confianza y una experiencia personal en la práctica democrática, las exigencias de un control popular caen en saco roto. Sin la sensación de que el autogobierno es posible, la «democracia» no será más que retórica empleada por la clase política. Sin la posibilidad de infundir valores democráticos en la cultura política, la «democracia» seguirá siendo una exótica importación extranjera de Occidente con pocas probabilidades de florecer en los lugares donde reinan una pobreza desesperada y una desigualdad represiva. Semejante «democracia importada» siempre estará mancillada por su relación con el mangoneo de las grandes potencias y por las maniobras de las corporaciones para tener acceso a los recursos naturales, para librarse de las normativas medioambientales o laborales y para gozar de largas vacaciones fiscales. Sólo las prácticas de la democracia que forman parte de la vida cotidiana impedirán que se convierta en otra hipocresía anquilosada empleada por los que tienen el poder para engañar a los que están abajo.

Resistencia brutal

Pero la lucha por crear un espacio político local para la democracia ha sido larga y difícil. La resistencia desde arriba ha sido feroz y muchos activistas la han pagado con sus vidas, desde Haití hasta Timor Oriental. La brutalidad de los militares indonesios y de sus milicias en Timor Oriental es un botón de muestra de la brutalidad con que se defienden el poder y los privilegios antidemocráticos en el Sur. Han muerto miles de personas a lo largo de décadas en la lu-

---

Democracia fuerte: liberar las mentes

Baby Tyawa, psicopedagogo y activista, reflexiona sobre los problemas que supuso adaptarse a la libertad y la democracia en Sudáfrica después del *apartheid*. Aquí las cosas cambiaron a una velocidad espectacular. En los años 1980 temíamos que reinara la confusión y los enfrentamientos. Ahora todavía hay enfrentamientos, pero son distintos. Entonces no parábamos de salir a la calle y a mí eso ya me parecía bien. Pero a partir de 1990, cuando liberaron a Mandela, quería decir: «¿Por qué la gente no puede sentarse a hablar de los problemas con que nos topamos?»

Durante años la represión nos enseñó a resistir. Incluso ahora creemos que deberíamos seguir presionando. Algunos no pueden relacionar la idea de libertad con la realidad. Me acuerdo de cuando hablé con un sindicato de presos que exigían que liberaran a todos los presos. Y me acuerdo de que pensé: «Si eso es libertad, si eso es democracia, entonces es un problema.»

Lo prioritario es que todos los ciudadanos conozcan sus derechos. Al conocer sus derechos, uno puede entender los límites de esos derechos. A veces los mecanismos que usamos nos confunden: cuando hablamos de «resistencia», nos referimos a salir a la calle. Estoy seguro de que nunca hemos conocido otro mecanismo. Creo que tiene que haber un programa concertado destinado a enseñarnos a usar otros canales para exponer nuestros problemas, nuestra resistencia, de una manera que no frene nuestro progreso.

Decimos que tenemos una sociedad más democrática y deberíamos empezar por ahí, con todo el pueblo. Es un proceso de educación. Me gustaría incorporar mis ideas políticas a mi profesión de psicopedagogo. Quiero trabajar con nuestras actitudes, con nuestras mentes oprimidas. Creo que si no incorporo mis ideas políticas a mi trabajo, no habré entendido nada. Pero no voy a prescindir de mis antecedentes políticos.

De *New Internationalist*, número 265, marzo de 1995

---

cha por crear una democracia autodeterminada que estuviera más allá de los mandarines de Yakarta. Sin embargo, como ocurre tan a menudo, el heroísmo de los activistas en las calles y montañas no bastó. Para obligar a los militares indonesios primero a permitir un referéndum y después a retirarse de Timor Oriental, tuvo que darse una combinación del colapso político de la corrupta dictadura de Suharto, una grave crisis económica y una solidaridad y presión internacionales excepcionales. Para que haya un impulso democrático desde abajo es necesario que lo fomenten desde arriba o bien que se dé un conjunto excepcional de «circunstancias en crisis» que generen un espacio de posibilidad democrática. Sólo en esas condiciones se podrán crear las instituciones de poder popular que garanticen una democracia fuerte.

La institucionalización de la democracia fuerte

Uno de los lugares donde la democracia ha conseguido afianzarse es en la ciudad del sur de Brasil Porto Alegre. Aquí, bajo la inspiración del Partido de los Trabajadores, la organización del gobierno municipal se basa en un alto nivel de participación popular. Como en muchas ciudades brasileñas, el presupuesto municipal estaba sometido a la influencia corrupta de la típica maquinaria patrocinadora. Un estudio de la situación económica de Brasil revela que hasta el 64 por ciento del presupuesto total se malversaba de esta manera.

En 1988 el Partido de los Trabajadores inició un proceso de revisión popular del presupuesto de Porto Alegre mediante reuniones de comunidades locales donde se establecían las prioridades y después se celebraban más reuniones para votarlas. En el presupuesto de 1996, participaron unos cien mil ciudadanos de Porto Alegre. En la actualidad hay unas setenta ciudades de Brasil y del resto de América Latina que intentan desarrollar sus propias versiones de presupuestos y planificaciones participativos, basándose en el ejemplo de Porto Alegre.

Un nivel similar de elevada participación puede verse en el movimiento *Panchayat* (una región administrativa) de los poblados rurales de Bengala Occidental. Además de llevar a cabo uno de los movimientos de reforma agraria más radicales de la India, el Gobierno del Frente Izquierdo instituyó un nivel de reforma Panchayat destinada a «aumentar las oportunidades para que los miembros de las clases desfavorecidas (incluidos las mujeres y los intocables) tengan poder público.» El proceso incluyó la oportunidad de revisar los presupuestos e importantes poderes para la planificación local.

En el estado del sudeste de Kerala, bajo el liderazgo del Partido Comunista de la India, en 1997-1998 se celebraron una serie de «seminarios de desarrollo» con unos trescientos mil participantes destinados a enseñar a los aldeanos los conocimientos básicos para autogobernarse. En un ambicioso plan, se desvió un cuarenta por ciento del presupuesto estatal de los poderosos departamentos de operaciones de la burocracia para destinarlo a unos novecientos consejos de planificación individuales de poblados del Panchayat. El resultado ha sido una planificación meditada, con altos niveles de participación popular en al menos algunos de los poblados y un enriquecimiento del proceso democrático por toda la región con «la creación de grupos a nivel de barrio en cientos de poblados.»

Más allá de acaparar el poder

Tanto el ejemplo brasileño como el indio muestran una tendencia hacia el diseño de procesos de «planificación popular» desde las bases. En ambos casos, estas iniciativas pueden verse como parte de un proceso en el que partidos políticos de izquierdas centralizados y tradicionales (de hecho, leninistas) se reorganizan para crear órganos de poder político popular y descentralizado que están fuera del control del partido. Éstas son dos situaciones en que importantes impulsos democráticos procedentes de abajo «fueron revigorizados y ampliados con éxito, se vieron reforzados por un proyecto político y recibieron el apoyo del Estado», aunque aquí al hablar del Estado nos referimos al poder político regional y municipal. En estos casos, los partidos involucrados han alterado sus ideales y han pasado de asumir o hacerse con el poder, a dispersarlo de una manera descentralizada y democrática.

Esto contrasta con otra serie de situaciones en el Sur, bastante visibles en Sudáfrica, Irán y Filipinas, donde movimientos poderosos y a menudo complejos ayudaron a promover cambios sociales. En todos estos casos, los gobiernos que llegaron al poder al menos parcialmente por medio de la intervención de movimientos sociales, después intentaron «normalizar» las situaciones y redujeron el poder de estos movimientos, restringiendo sus ambiciones de instaurar una democracia fuerte. Aunque todas estas situaciones siguen fluctuando, surge claramente un modelo de gobierno que o bien tiene su propio orden del día (de conservadurismo clerical en el caso de Irán) o está sometido a las presiones de un consenso global neoliberal. Esta agenda neoliberal (tal y como la imponen el FMI y el Departamento de Estado o el ministerio de Relaciones Exteriores de Estados Unidos) a menudo es adoptada como el único curso de acción o al menos como el curso de la menor resistencia. En casos así, los gobiernos enseguida se dedicaron a monopolizar el poder en lugar de dispersarlo.

El Gobierno del Congreso Nacional Africano (CNA) en la Sudáfrica post apartheid, por ejemplo, gobierna con la buena voluntad y el abrumador apoyo de la población negra. Sin embargo, ha intentado ejercer un control tecnócrata del proceso de descentralización y de concesión de poder a las bases que todavía existe en numerosos documentos de sus programas. El sociólogo Patrick Seller señala que: «Aunque el CNA llegó al poder gracias a un movimiento de liberación popular con una base muy amplia, consolidó ese poder en la fase de negociación como representante único de la lucha por la liberación y posteriormente en su control del Estado. Como agente, elegido electoralmente, del cambio democrático nacional, y como partido en el poder, el CNA ha rechazado de plano la movilización y la política de protesta como instrumentos de profundización y desarrollo democráticos. En consecuencia ha actuado invitando y luego alejándose de sus socios en el movimiento social, o convirtiéndolos en agentes de entrega de servicios.»

Éste es un juicio triste de lo que muchos en toda África habían esperado que fuera un proceso ejemplar de democratización que sacudiría la cultura política del continente. Pero coincide con lo ocurrido en muchas otras partes del Sur. Cuando se «acapara» el poder y se trata como algo que hay que salvaguardar y proteger –en lugar de extender y dispersar–, las posibilidades democráticas se atrofian.

El nacionalismo sustituye a la democracia

En el Cuerno de África, los movimientos de liberación etíope y eritreo lucharon durante décadas contra el brutal autoritarismo del régimen del general Mengistu en Dais Ababa. Los que a duras penas consiguieron escapar de la campaña de «terror rojo» del general se refugiaron en las montañas y desiertos donde crearon poco a poco una oposición armada. Su promesa implícita (y a veces explícita) era que harían política de una manera distinta. Cualquiera que hubiera visto el heroísmo y sacrificio de esos años de lucha no habría dudado de sus palabras. Los años pasados en las cuevas y construyendo escuelas y fábricas ocultas entre la escasa vegetación de la región para que no las vieran los aviones de guerra MiG dieron a su causa una imagen heroica que casi alcanzó dimensiones épicas.

Pero cuando esta lucha por fin dio sus frutos con una victoria militar, la democracia tardó en llegar. El poder se convirtió en algo que había que defender en lugar de ser un proceso que se tenía que desarrollar y cultivar. Y como ocurre tan a menudo en las condiciones de una nación frágil en el Sur post colonial, la ideología de la «nación asediada» sustituyó al compromiso de la democracia popular como aglutinante para mantener la unidad. Fue sólo una cuestión de años para que los dos «gobiernos de liberación» de Dais y Asmara enviaran tropas a la frontera que compartían para reanudar las matanzas. Esta vez, la causa era mucho menos noble (unos cuantos centenares de metros de suelo rocoso además de reivindicaciones nacionalistas cada vez más confusas). La euforia de la victoria de la liberación dio paso al miedo y la desesperación. Ambos bandos desaprovecharon la buena voluntad y las esperanzas de una de las poblaciones más pobres del planeta por mor del nacionalismo.

Uno no puede evitar especular sobre lo que habría ocurrido si se hubiera dedicado el periodo de la «post liberación» a la ardua pero en definitiva más prometedora tarea de extender el poder a los pueblos, regiones y lugares de trabajo del Cuerno, como, por ejemplo, intentó el presidente Thomas Sankara en Burkina Faso antes de que lo asesinaran. Si bien habría sido un reto en una región plagada de tensiones y recelos, al menos habría sido un objetivo digno de las esperanzas basadas en el sacrificio de tantas personas. En cambio, se empleó la habitual retórica de que había que «consolidar la revolución», una situación que tiene ecos desde Hanoi hasta La Habana. Como ha ocurrido tan a menudo, eso significó que los liderazgos establecidos tanto en Dais como en Asmara se aferrarían al poder a cualquier precio. En estos casos, se considera que la oposición e incluso la crítica rayan en la traición. La lucha por la liberación se reduce al poder de un liderazgo cada vez más alejado de los que se esforzaron tanto por algo distinto. Sin los objetivos más amplios y la confianza necesarios para una democracia popular, el nacionalismo se convierte en el único aglutinante. A veces los resultados son un simple anquilosamiento y la limitación de una revolución que sigue siendo heroica, como puede verse en los envejecidos hermanos Castro de Cuba que se aferran al poder desafiando a Washington. Otras veces, como en el Cuerno, puede conducir a la matanza de personas inocentes.

Una partida con apuestas altas

Así, en la construcción de una democracia fuerte en el Sur hay mucho en juego. Un desarrollo equitativo y sostenible es prácticamente imposible sin las instituciones de una democracia popular. Si no se ejerce presión desde abajo, una política económica basada en abrir las puertas de las economías nacionales del Sur a la globalización dirigida por corporaciones sólo aumentará la desigualdad y la devastación medioambiental. Aunque es posible que unos cuantos prosperen, la mayoría tendrán sus vidas desarraigadas y pocas recompensas. Puede que aumenten sus ingresos per cápita al verse empujados hacia los márgenes de la economía monetaria, pero sin sindicatos u organizaciones políticas para representarlos se quedarán allí. Se necesita poder popular para moldear una sociedad donde los ricos paguen suficientes impuestos, donde se respeten las normativas medioambientales y laborales y donde se garanticen los bienes colectivos (como el agua, la vivienda, un transporte público barato, comunidades seguras y aire puro). Eso no ocurrirá si los que más se benefician de ello no tienen una voz eficaz para asegurarse de que sea así.

Sin este tipo de democracia fuerte, el Sur seguirá plagado de tendencias autocráticas generadas, al menos en parte, por el descontento con la corrupción y con el doble juego del modelo de la democracia débil/ mercado fuerte. Si la democracia sólo es la excusa para que una banda de delincuentes se dedique a robar, es posible que otras bandas se rebelen contra ella. Así, se forman alineamientos democráticos en torno a regiones o grupos que sienten que sencillamente los han dejado de lado y que ahora les toca a ellos. En esta clase de cultura política, no cuentan las diferencias en las medidas políticas. Si una banda nueva consigue imponerse, lo único que cambia es la manera de distribuir los bienes y a quién se distribuyen. Semejante situación también genera presión para derribar a los políticos corruptos (en caso de que hayan sido elegidos). Un ejemplo es la avalancha de levantamientos militares que asolaron América Latina en la década de 1970 y que hoy todavía se dan en algunas partes de Asia y África.

En fechas más recientes, la reacción popular ante la ratería democrática es el fundamentalismo religioso, que puede ser islámico en Medio Oriente, África y Asia, hindú en la India o cristiano en América Latina. Semejantes ideologías se alimentan de la corrupción y los escándalos asociados a la política de la democracia de mercado y contraponen sus valores espirituales más elevados al materialismo corrupto relacionado con «Marx y Coca-Cola». El título del excelente libro de Benjamin Barber *Jihad vs. McWorld* capta muy bien la triste disyuntiva entre el fundamentalismo y la democracia. El potencial mortífero de extrema violencia y de polarización que hay en los movimientos de inspiración fundamentalista se hizo evidente en las crueles ejecuciones masivas ocurridas en Nueva York, Washington y Pensylvania en septiembre de 2001.

El afán reformador de los regímenes fundamentalistas actuales varía enormemente, aunque no suele incluir el compromiso de extender el poder más allá de un estrecho círculo cuyos miembros sepan interpretar los términos de las medidas políticas.

Tanto la política como la economía de la democracia de mercado se caracterizan por una inestabilidad inherente. Por ciclos económicos que pasan de periodos de expansión a otros de depresión. Por políticos aprovechados. Por corporaciones siempre dispuestas a desplazarse a prados más verdes (con menos impuestos y mano de obra más barata). Por la política del resentimiento. Por una retórica democrática empleada para disimular el simple interés personal. Por un régimen volátil de especulación en las transacciones financieras globales.

Es comprensible, aunque extraño, que las ciencias políticas convencionales estén obsesionadas con la «estabilidad política» y, al mismo tiempo, defiendan las mismas fuerzas que la debilitan. Las consecuencias a largo plazo de estas inestabilidades son con demasiada frecuencia la guerra y la guerra civil, la escasez de comida y el hambre, el movimiento masivo de refugiados, quiebras y la reducción de servicios básicos. Estas mismas fuerzas están actuando en el Norte industrializado, aunque allí los impactos están más amortiguados. Una democracia fuerte, aunque no garantice estabilidad, sin duda aumenta sus posibilidades. Sería más difícil que grandes sectores de la población que hayan hecho una verdadera apuesta democrática por el sistema se dejen influir por los demagogos y la política del resentimiento. Más bien tenderían a defender las ventajas democráticas si éstas se vieran amenazadas. Una democracia fuerte aumentaría las posibilidades de una estabilidad política sana (en oposición a una estabilidad represora) así como de un desarrollo equitativo y sostenible. Porque la gente tendría la posibilidad de insistir en ello.

Capítulo 9
Conclusión

«La obligación de un ciudadano es mantener la boca abierta.»
Günter Grass
novelista alemán

La democracia conlleva riesgos. Eso es lo que más cuesta aceptar a muchos de sus defensores, incluso los que se consideran dispuestos a arriesgarse cuando se trata de iniciativas emprendedoras. Y la democracia siempre es un proceso complicado, en el que se celebran muchas reuniones y se revocan muchas decisiones. Pero tenemos con nosotros mismos y con la paz del mundo la deuda de involucrarnos y asumir las responsabilidades que nos da la verdadera democracia.

Si bien en principio todo el mundo está a favor de la democracia, también queremos alguna garantía de que los resultados serán de nuestro agrado. Ésa es en definitiva la lógica subyacente al modelo de la «democracia débil/mercado fuerte». Si cogemos una serie de asuntos que están en manos de los responsables democráticos y los convertimos en dominio exclusivo del mercado, podremos limitar el impacto de la democracia impredecible. Si el mercado es más importante que la democracia, no habrá una tributación confiscatoria sobre el patrimonio, aumentos del salario mínimo, un control del capital, una competencia no deseada del sector público. Si ya tenemos dinero y poder, el mercado nos protegerá de que un «exceso» de democracia invada los bancos y arrase con parte de nuestro patrimonio.

Pero no son sólo los ricos e interesados los que se preocupan por los riesgos de la democracia. Muchas personas ilustradas temen que su ampliación conduzca a una ofensiva popular. Les preocupa un ataque generalizado por una serie de frentes: el restablecimiento de la pena de muerte, la ilegalización del aborto, la vulneración de los derechos de los homosexuales, el fin de la ayuda extranjera o de la financiación a programas sociales por medio de recortes fiscales radicales. Estos son temores reales. Pero ¿bastan para imponer límites a la democracia?

Es inevitable que en una democracia fuerte se politicen más cosas de lo habitual. En el actual modelo de consenso neo liberal, se ha despolitizado un gran número de asuntos públicos que deberían someterse a debate. Ya sea una cuestión de planificación urbana o la aprobación de productos farmacéuticos o agroquímicos, se supone que son temas que sólo atañen a expertos desinteresados.

Un entorno más politizado, donde los ciudadanos tengan más posibilidades de presentar leyes, permitiría a los defensores de la pena de muerte intentar defender su postura. Sería una cuestión por la que tendrían que luchar. Igualmente, la introducción de una mayor proporcionalidad en el sistema electoral daría lugar no sólo a una mayor representación de una izquierda con principios y de partidos ecologistas, sino que también permitiría la presencia potencial de parlamentarios fascistas, como ocurre en varios países europeos. Cuesta ver cómo se pueden evitar semejantes riesgos si queremos una democracia más profunda.

Una posibilidad explorada por la analista política francesa Chantel Mouffe en su libro *The Democratic Paradox* es un equilibrio entre la tradición de la democracia fuerte y la de los derechos individuales más arraigados en la tradición liberal de la democracia débil. Según esta fórmula, ciertos derechos –por ejemplo, derechos civiles básicos, el derecho de la mujer a elegir, la no discriminación, una inviolabilidad de la persona que excluiría la pena de muerte– estarían (por medio de una declaración de derechos impuesta por un poder judicial independiente) fuera del alcance de las decisiones populares. Sin embargo, eso abriría una brecha para los que querrían poner sus derechos de propiedad en la misma categoría. Asimismo, teniendo en cuenta el papel político que interviene en la elección de los jueces, no se puede garantizar un poder judicial independiente, lo que se hizo evidente en la intervención del Tribunal Supremo dominado por los republicanos cuando resolvió los resultados de Florida en las elecciones presidenciales de Bush y Gore y falló a favor del candidato republicano.

Por lo tanto, incluso si la tradición de una democracia fuerte está avalada por algún tipo de carta o garantía constitucional de derechos individuales, eso no evitaría un debate sobre qué derechos deberían o no deberían incluirse. Se puede modificar el riesgo, pero no eliminarlo.

Igualmente, un compromiso con las decisiones tomadas de manera descentralizada tendría que permitir a las comunidades locales y a los barrios tomar decisiones que podrían ir en contra de normas ya aceptadas. Eso a veces puede dar lugar a resultados que muchos podrían tildar de negativos. Por ejemplo, una comunidad decide, bajo la influencia de un poderoso grupo de presión de propietarios inmobiliarios, derribar un maravilloso edificio histórico para construir un bloque de apartamentos de lujo. Los activistas ecologistas podrían luchar contra semejante proyecto, pero al final no les quedaría más remedio que aceptar los resultados.

En este caso habría que añadir unas cuantas salvedades. La primera es que lo más probable es que la población local aprecie el valor de un edificio histórico o de un río no contaminado que ve todos los días y querría conservarlos, mientras que una comisión remota de zonación industrial, formada por burócratas y cargos políticos, seguramente no compartiría esta actitud. Otra salvedad es que en las condiciones de una democracia fuerte, donde las comunidades pueden votar directamente, sería necesario asegurarse de que todos tengan el mismo terreno de juego. En el caso de la lucha por la conservación o no de un edificio histórico, se tendrían que imponer límites estrictos de gastos para que los intereses de los poderosos no puedan simplemente «comprar» los resultados deseados. Igualmente, todo el mundo debería tener el mismo acceso a los medios. Una tercera salvedad es que hay algunas cuestiones que tienen un peso moral tan profundo –como el uso de la tortura por la policía o una campaña, aprobada popularmente, de limpieza étnica contra una minoría vilipendiada–, que habría que oponerse a ellas de manera activa aun cuando se decidan democráticamente.

Otra idea a tener en cuenta es que la democracia siempre es un proceso complicado. Las reuniones se alargan demasiado. La gente disiente y sale a la calle; a veces hasta tira piedras. Todo se cuestiona. Todas las decisiones parecen provisionales: pueden volver a plantearse la siguiente semana o década. La gente es recalcitrante y tozuda. Las cosas avanzan mucho más despacio de lo que muchos creen que deberían. Y luego hay ese cuestionamiento constante. Eso es lo que ofende nuestro sentido gerencial de las cosas. También es verdad que algunos serán inevitablemente más activos que otros. Sin embargo, esto se verá mitigado por la posibilidad latente de que una mayoría más pasiva decida intervenir cuando ve que el péndulo se ha pasado demasiado a un extremo. En una democracia más localizada y directa, eso siempre será una opción.

Es importante no aplicar los mecanismos de una democracia fuerte a las situaciones y los prejuicios contemporáneos. Como advirtió Marx, existe el peligro de intentar componer «la música del futuro» con las circunstancias actuales. Una sociedad con un alto nivel de autogobierno se basaría en una ciudadanía y en un conocimiento y compromisos políticos muy distintos de los que posee el votante pasivo y a menudo resentido de hoy día. Se daría en una situación que no sólo tuviera mecanismos políticos más democráticos, sino que toda la economía y cultura estarían imbuidas de valores y prácticas democráticas. Eso no significa que se acabaría con todas las decisiones de miras estrechas y egoístas (¡ojalá!), sino simplemente que sería más fácil *identificarlas* como tal, en lugar de tratarlas como si fueran lógicas de acuerdo con unos valores basados en el interés personal y el «poder de la razón».

Unos valores de la ciudadanía que sustituyan o al menos subordinen el consumismo político pasivo, es la única esperanza verdadera para revitalizar la democracia. Los resentimientos mezquinos y el cinismo hacia la vida pública inspirados por la idea de que los políticos (como las marcas de Colas) en definitiva son todos iguales conducen a un callejón sin salida. Necesitamos una ciudadanía que vaya más allá de culpar a los políticos y de «expulsar a los pillos» y que asuma la responsabilidad de dirigir la sociedad. Una democracia fuerte depende de una mayor igualdad y de esta idea de compromiso y ciudadanía activa. Eso es precisamente lo que resulta tan complicado y amenazador para la clase política y los periodistas, los expertos en comunicación y los creadores de opinión que les sirven.

El hecho de que la gente sienta su propio poder y adquiera confianza en sus propias capacidades para autogobernarse no deja de ser emocionante. Cualquiera con experiencia en la gestión de su propia cooperativa de productos de alimentación o de viviendas ha sentido ese entusiasmo contagioso. Las posibilidades de una autogestión más generalizada pueden modificar el interés popular, apartándolo de las necesidades compensatorias (entretenimientos pasivos, consumismo, adicción al trabajo o a otras cosas) para dirigirlo hacia la participación en un ámbito público enriquecido y dotado de poder. Por supuesto, esto se dará en distintos grados. Pero la experiencia en situaciones como la de Barcelona en los años 1930, la Comuna de París de 1871, Hungría en 1956 o el compromiso cívico en el primer periodo poscolonial en gran parte del Sur justifican nuestro optimismo. El altruismo que se manifestó en estas breves experiencias da una idea del potencial que tiene la concesión de poder en una democracia fuerte.

Una democracia perfecta, por supuesto, es imposible. La democracia es, en cierto sentido, un horizonte que tenemos que intentar alcanzar constantemente. Siempre se formarán y habrá que disolver concentraciones de poder antidemocráticas. Habrá que enfrentarse a camarillas y conspiraciones. Habrá que deshacer imperios de administración pública. La democracia nunca está quieta: cuando no se expande lo más probable es que se contraiga. Como señaló el famoso historiador británico E. H. Carr: «Hablar hoy de la defensa de la democracia como si defendiéramos algo que conocemos y poseemos desde hace décadas o siglos es engañarnos [...] estaríamos más cerca del objetivo y tendríamos un eslogan más convincente si en lugar de hablar de la necesidad de defender la democracia, habláramos de la necesidad de crearla.»

Pero ¿cómo se «crea» la democracia? Una manera de conseguir una democracia más fuerte es cambiando de actitud hacia el poder. Tiene que haber un polo en el espectro político en torno a la idea de que el poder no es sólo «algo» que hay que captar y blandir para lograr determinados fines políticos.

Un cambio de actitud contemplaría el poder como algo que se tiene que dispersar y arraigar en todas partes, desde los lugares de trabajo hasta las comunidades que se autogobiernan. Aunque el poder seguiría existiendo a nivel nacional e internacional, éstos ya no serían automáticamente «superiores» a los niveles locales de poder popular; más bien coexistirían en un complejo conjunto de negociaciones y controles.

Para ello, una economía más igualitaria y una democracia inherente al lugar de trabajo son cruciales. La economía actual ejerce una fuerza constante empleada para «imponer una disciplina» a la democracia con lo que es «realista»: para mantener a unos en la pobreza y a otros en sus mansiones, con sus «BMWs» y opciones de compra de acciones. Pero incluso si el elemento esencial de la democracia está incorporado en la economía, las acumulaciones de privilegios seguirán siendo un estorbo antidemocrático. Tendremos que sustituir nuestra democracia consumista y pasiva por un sistema de gobierno revitalizado que ofrezca una plataforma para luchar por la justicia y por los derechos igualitarios y contra los tecnócratas de miras estrechas y los globalizadores del libre mercado. La desigualdad generada por el modelo de la democracia débil/ mercado fuerte mina la reciprocidad y solidaridad entre los miembros de la sociedad, lo que conduce de manera inevitable a una política de polarización y resentimiento entre clases, sexos, regiones y grupos étnicos. Como vimos en el capítulo 8, eso se da sobre todo en las divisiones que están destruyendo las entidades políticas de todo el Mundo Mayoritario pobre. La construcción de una democracia fuerte basada en una «soberanía popular» que sea algo más que una ficción cómoda es el principio potencial de la salud, la estabilidad y la sostenibilidad. A estas alturas ya sabemos lo que significará lo de más «política de siempre».

Puede que la democracia siempre sea un asunto inacabado, pero es *nuestro* asunto. Recuperémosla.

BIBLIOGRAFÍA

Arblaster, Anthony, *Democracia*, Alianza, Madrid, 1992.
Budge, Ian, *The New Challenge of Direct Democracy*, Polity Press, Cambridge, 1996.
Douglas Lummis, C., *Radical Democracy*, Cornell University Press, Ithaca, 1996.
Street-Level Democracy, Between The Lines, Toronto, 1999.